Testimonio de un yogui occidental

Testimonio de un yogui occidental

Luis Miguel Salvadhor

Número de Control de la Biblioteca del Congreso de EE. UU.:   2014903876
ISBN: Tapa Dura   978-1-4633-7952-0
                 Tapa Blanda   978-1-4633-7951-3
                 Libro Electrónico   978-1-4633-7950-6

Este libro fue impreso en los Estados Unidos de América.

Fecha de revisión: 20/05/2014

Para realizar pedidos de este libro, contacte con:
Palibrio LLC
1663 Liberty Drive, Suite 200
Bloomington, IN 47403
Gratis desde EE. UU. al 877.407.5847
Gratis desde México al 01.800.288.2243
Gratis desde España al 900.866.949
Desde otro país al +1.812.671.9757
Fax: 01.812.355.1576
ventas@palibrio.com
490536

Índice

EL AUTOR EN PADMASANA

CURRICULUM VITAE O BIOGRAFIA

LUIS MIGUEL SALVADHOR GOMEZ:
INGENIERO QUIMICO. FACULTAD DE QUIMICA DE LA UNAM
1964-1969
MEDICINA NATURAL. Y CURSO INTENSIVO DE HATHA YOGA EN
LA GRAN FRATERNIDAD UNIVERSAL. MEXICO D.F. 1970-1973
CREADOR DE UN INSTITUTO DE YOGA E INSTRUCTOR EN
DICHO INSTITUTO EN LA CD. DE QUERETARO.(1971 - 1974).
FILOSOFIA Y ARTE. ESCUELA DE FILOSOFIA DE LA UNIVERSIDAD
DE OTTAWA, CANADA. 1975 - 1978

CURSO INTENSIVO DE HATHA YOGA. GFU, CARACAS,
VENEZUELA. 1979.
CURSO INTENSIVO DE RAJA YOGA. UNIVERSIDAD DE
MADHUBAN, RAJASTAN, INDIA. 1980
MIEMBRO DE LA SOCIEDAD INTERNACIONAL DE REALIZACION
DIVINA (SIRD) DESDE 1985.
DISCIPULO DIRECTO DEL MAESTRO SWAMI GURU DEVANAND,
FUNDADOR DE SIRD.
EXPERIENCIA DE 27 AÑOS DE PRACTICA DEL MANTRA YOGA
MEDITACION.
DIRECTOR DEL CENTRO DE MANTRA YOGA MEDITACION EN
SAN MIGUEL DE ALLENDE, GTO. MEX.
ESTUDIO Y PRACTICA DEL SISTEMA YOGA POR MAS DE 40 AÑOS.

¿PORQUE ESTE LIBRO?

Desde que entré en una crisis existencial a la edad de 23 años, sentí un deseo de escribir mis pensamientos y experiencias. Como me concentré en libros profundos, escrituras sagradas, esoterismo, Yoga, Filosofía, Religión, Cosmobiología, Esoterismo......etc. pensé que era inítil escribir un libro porque ya todo había sido dicho y mejor de lo que yo podría hacerlo. Asi que me deshice de todo lo que había escrito a lo largo de varios años. ERROR. No debí hacerlo, porque son experiencias valiosas. Después comprendí que la Verdad se presenta en infinidad de formas y que toda experiencia tiene su valor.

Expresar una verdad, una experiencia, en forma verbal o escrita tiene poder. Ese poder es en proporción al grado de conciencia, al grado de evolución del individuo que la expresa. Puede inspirar a otros, a muchos o pocos, no importa.

Puede contribuir a despertar la conciencia, al crecimiento, a una expansión de la conciencia, sobre todo cuando se trata de experiencias y vivencias de carácter trascendente, evolutivo, transformador.

Además comprendí que era un egoismo dejar este cuerpo fisico, sin transmitir el "secreto", mi secreto que deja de serlo al ser comunicado, compartido.

Lo que escribo es producto de mis investigaciones, estudio y sobre todo la práctica de años que produce una EXPERIENCIA.

Toda experiencia es valiosa para el que la vive. No tengo experiencia como escritor ni lo hago con algún estilo literario.

Hablo y escribo espontaneamente, tratando de ser lo mas claro y sencillo posible, con el propósito de compartir el proceso evolutivo (espiritual) que he vivido y que quizás pueda inspirar u orientar un poco a algunos en su propia búsqueda de la verdad.

El Yoghi no es occidental ni oriental, él es universal. Titulé así este libro para atraer principalmente la atención de los occidentales, ya que no es aún conocida suficientemente esta Ciencia Filosófica milenaria en el hemisferio occidental.

Las filosofías de occidente son en su mayoría teóricas, intelectuales pero adolecen de técnicas espirituales. En cambio la filosofía del Yoga tiene técnicas y métodos variados y eficaces que se adaptan al temperamento del individuo. Cualquiera puede aplicar estas técnicas, sea un analfabeta o alguien con estudios académicos avanzados con la ayuda de un Maestro calificado.

Entiendase que no hay una formula única. Cada uno debe estudiar y practicar varios métodos, conocer varios sistemas y en base a **los resultados** y circunstancias particulares de cada uno, se va seleccionando, depurando, adaptando, desarrollando su propio sistema, su propio método. Las bases siguen siendo las mismas, el objetivo es el mismo: La Liberación, la Sabiduría, la Autorrealización del Ser.

En esta encarnación, nací el 23 de enero de 1946 en un pequeño poblado llamado Villa Lopez, estado de Chihuahua, México. Mi padre Luis Salvador Jordán, era recaudador de rentas, casi toda su vida de trabajo fué para el gobierno, sea como empleado o como tesorero municipal y/o recaudador de rentas. Estudió hasta secundaria y una carrera técnica comercial. Nació el 29 de abril 1914 bajo el signo tauro.

Mi madre, Soledad Gómez Aguirre, era de origen campesino, nacida en la Regina, Julimes, Chihuahua, el 10 de febrero de 1927. No terminó ni la primaria, se casó a los 16 años, tuvo trece hijos, de los cuales 8 sobrevivimos en orden de edad: Luis Miguel (yo), Alejandra, Oscar, Engracia, Jaime, Soledad Eliazabeth, Javier y Norma Patricia. Toda su vida la dedicó al hogar y la familia. Nació bajo el signo de acuario, marte conjunción con el sol.

Hoy sé que Dios es nuestro verdadero padre y madre. Mis padres me dieron el cuerpo físico y los cuidados y su amor.

En Villa López, mi pueblo natal (cerca 1000 habitantes entonces), no había agua potable, había un pozo artesano en el patio de la casa, de donde sacabamos el agua, no había electricidad, los domingos en la noche alumbraban la plaza con una motor accionado con gasolina, que producía electricidad. No había carretera pavimentada que comunicara a otra pueblo o ciudad, solo caminos de terracería. El camino a la ciudad mas próxima, Cd. Jiménez, era de terrasería.

No había médico ni menos aun hospital. Mi abuela materna Cipriana Aguirre de Gómez era una magnífica partera, madre de 14 hijos, enviudó quedandose con varios hijos menores de edad, vivió una vida de trabajo y pobreza como muchas madres en el mundo, de una fé e integridad que le ganaron el respeto de todos los que la conocían.

Mi abuela atendó a mi madre Soledad, en los primeros partos, asi nacimos los primeros cuatro hijos que sobrevivimos.

Yo fuí el tercer hijo en nacer y el primero en sobrevivir, los dos primeros hermanitos murieron al año de edad por falta de atención médica.

Cuando cumplí un año de edad aproximadamente me enfermé de una infección intestinal severa. Mis padres me llevaron moribundo a Cd. Jiménez. Hubo junta de gastro-enterólogos que después de auscultarme le dieron la noticia a mis padres que era demasiado tarde para salvarme.

Ante esta situación, mi tía Juana le dijo a mi madre que si ya no había nada que perder, podía darme un remedio herbal casero que mi tía conocía.. Obviamente mi mama aceptó y gracias a Dios y al remedio natural (tel vez una mezcla de hierbas), empecé a volver a la vida, al punto que tuve que aprender a caminar otra vez. Agradezco desde el fondo de mi corazón a mi tía Juana el haberme dado la medicina natural y cada vez que me acuerdo, le envio un pensamiento de paz y amor.

Curiosamente, el nombre que le pusieron a mis dos hermanitos que nacieron antes que yo y murieron al año de edad, fue: Miguel, en honor a mi abuelo paterno que se llamaba Miguel (Miguel Salvador Diva). Para evitar la probabilidad que el nombre pudiera influir de alguna manera, mis papas decidieron llamarme: Luis Miguel; Luis como mi padre y Miguel como mi abuelo paterno. Mi padre, Luis Salvador Jordán, nació en Durango, Mex. en mayo de 1916, de un matrimonio de libaneses emigrados a México, a fines del siglo XIX. Mi abuelo Miguel y su hermano Thomas partieron de Líbano en los años 80´s del siglo XIX, probablemente en 1889. Mi tío-abuelo Thomas decidió ir a Estados Unidos y mi abuelo Miguel decidió venir a México.

El verdadero nombre de familia de mi abuelo Miguel, era Abdala que quiere decir: Ab= servidor y Ala = Dios (Servidor de Ala, de Dios), pero lo tradujo al español en un vocablo que se acercara al significado, para poderse asimilar mejor a su nuevo medio ambiente y cultura. Se dedicó al comercio.

Mis abuelos maternos eran campesinos, de ojos verdes y azules, sus bisabuelos provienen del norte de España, de origen Vasco.

Mis abuelos paternos eran ricos, mis abuelos maternos eran pobres. Todos ellos con una educación minima, pero con buenos valores morales, rectitud, honestidad, responsabilidad, fe. Mi abuela Cipriana les enseñó a sus hijos a nunca tomar lo ajeno, ni siquiera un alfiler, apegados a los principios tradicionales del catolisismo cristiano.

Tenia 8 años de edad cuando mis padres se mudaron a Cd. Chihuahua, capital del estado de Chihuahua. Ahí nacieron en un hospital, mis cuatro hermanos mas jovenes: Jaime, Soledad Elizabeth, Javier y Norma Patricia. Los primeros cuatro nacimos en la casa donde viviamos, atendidos por mi abuela Cipriana que era una gran partera.

Terminé la escuela primaria en Villa Aldama, Chih., estudié la secundaria y la preparatoria (bachillerato) en la Universidad Autonoma de Chihuahua. (1958-1964).

Gracias a las altas calificaciones, pude conseguir cuatro becas para estudiar en la UNAM (Universidad Autonoma de Mexico), la carrera de Ingenieria Quimica en la Facultad de Quimica (1964-1969). Al terminar esta carrera, me di cuenta que me inclinaba mas hacia los estudios humanísticos por lo que trate de inscribirme en la Facultad de Medicina de la UNAM, pero debido a la gran cantidad de aspirantes y al hecho de que este humilde servidor ya contaba con un título profesional, el director de la Facultad de Medicina personalmente me dijo que no era justo tomar un lugar que le hacía mas falta a un aspirante que era su unica oportunidad de estudiar y titularse como médico.

Fuí Presidente de la Sociedad de Alumnos de mi Generación en la Facultad de Quimica de la UNAM.

Decidí entonces estudiar Psicología en la UNAM (la enseñanza era casi gratuita) y lo hice por dos semestres. No me gustó el ambiente y preferí estudiar medicina natural en la Gran Fraternidad Universal (Fund. del Dr. Serge Raynaud de la Ferriere) al mismo tiempo que empezé a documentarme sobre la Yoga y practicar la Hatha Yoga (1970).

Me sentía muy insatisfecho con mis estudios universitarios, porque no me sentia feliz aun cuando tenía todo lo que se suponía debía hacerme feliz.

Me parece que fue casi una pérdida de tiempo y que simplemente copie ciertos conocimientos y una técnica de trabajo en una area específica, que inflaban mi ego sin algo de conocimiento trascendente y/o una una experiencia verdadera.

He olvidado casi todo ese conocimiento por ser inútiles en la vida práctica. Aprendí a hacer algunas cosas, una técnica de trabajo, pero no me enseñaron a conocerme a mi mismo y sentirme bien conmigo mismo.

Tal vez lo mas valioso de todo esto fué que aprendí el metodo científico de trabajo: ensayo y error, resolver problemas por el metodo técnico de: datos (información), incognitas (lo que buscamos) y formulas (el como encontrar las incógnitas). Y una cierta disciplina para cumplir con los horarios, la conducta que debía tener y las trabajos de investigación que habia que hacer.

Desde que ingresé a la Facultad de Quimica en la UNAM (1964-69), empezé a experimentar un deseo de saber en las areas humanitarias, psicologia, filosofia, metafisica. Leia avidamente libros relacionados con esas materias. Eran mas interesantes para mi, que las matematicas, la fisica, la fisico-quimica, que sin embargo tuve que aprender y aprobar con promedio de nueve, para poder conservar las becas.

Me interesó estudiar S. Freud, Adler, G. Jung, Fetchner, J.P. Sartre, H. Marcuse, Proudon, Kirkegard, Bergson, Darwin, Alexis Carrel, B. Weiss, Swedenborg, Fabre d'Ollivet, D. Chopra, W. Dyers, Swami Vivekananda, Swami Ramacharaca, Paramahansa Yogananda, Lao Tze, Confucio, I Ching (libro de las mutaciones), Socrates, Platon, Aristoteles, Octavio Paz, Serge Raynaud de la Ferriere......etc....etc. por citar solo algunos autores. Al final de este libro encontrará una lista bibliografica.

Trabajé produciendo cinescopios en una compañía productora de televisiones, despues como investigador en los Laboratorios Procter & Gamble, en Mexico, D.F.. Tambien fuí jefe de un departamento en el Centro de Documentación Cientifica y Humanistica de la UNAM ; despues fuí nombrado coordinador de un programa de actualizacion científica para las Facultades de Fisica y de Quimica de la Universidad Nacional Autonoma de Mexico., no obstante interiormente no me sentía verdaderamente feliz, ni veía el proposito final ni el bien tangible que mi trabajo pudiera aportar a los demás. Era como trabajar en islas del saber y de la actividad humana.

No tenía una vision del todo ni siquiera un propósito en la vida. **No sabía quien era yo realmente, ni que quería verdaderamente.** Me dí cuenta que habia sido un hijo obediente con mis padres; que complacía a la sociedad en que vivia, a mis amigos, compañeros de trabajo, maestros, al estatus quo, que había respondido en alguna medida a sus espectativas, a sus voluntades, condicionado por una serie de complejos, ideas preconcebidas, conocimientos muy parciales, limitados y sobre todo, superficiales. Era absurdo que siendo joven, con estudios universitarios, buena salud, buenos ingresos, buen empleo, me sintiera infeliz. Era un producto de la sociedad sin participación conciente.

Los valores que heredé de mi familia y la sociedad y la vida misma perdieron todo su sentido para mi. Entre de lleno en lo que yo llamo: una crisis existencial.

Me sentí desolado, no me conocía a mi mismo y "algo" esencial faltaba en mi vida. En mi mente resonaban las palabras escritas en el fronton de Delfos: "Gnoti Seaton" Conocete a tí mismo y conoceras a Dios. Era necesario detenerse, parar la actividad insensata y superficial y buscar la verdad.

Asi que renuncié al trabajo, regale todos mis libros universitarios, casi toda la ropa, y compre libros de metafisica, las escrituras sagradas (la Biblia, el Coran, El Bagavd Gita, el Bardo Todol, el Talmud, el Popol Vu, textos sobre Yoga, Astrologia, Filosofía, Numerología, Esoterismo....etc.

Compré una parcela de 5000 metros cuadrados a un ejidatario en el hermoso parque nacional El Chico, en el estado Hidalgo, Mex., con una cabaña muy humilde, sin agua, ni luz eléctrica, ni muebles. Se encontraba en la ladera de una empinada colina, cubierta de pinos, árboles frutales, flores, cerca de arroyos de agua cristalina. Un pequeño paraiso terrenal y me fuí a vivir ahí.

Poco antes de renunciar a mi último trabajo, mi hermana Engracia (Grace) me regaló un libro titulado: YUG, YOGA, YOGHISMO, una Matesis de Psicología. Por el Dr. Serge Raynaud de la Ferriere.

Mi hermana compró este libro, sin saber la trascendencia que tendría en mi vida. Simplemente le llamó la atención pensando que me interesaría, porque sabia de mis inquietudes espirituales e interes por el Yoga. Desde el instante que empezé a leer y estudiar esta magna obra, sentí el poder y la verdad contenida en sus paginas, escritas por un gran Yogui, auto-realizado, científico reconocido en el mundo occidental, filósofo, matemático, ingeniero, psicólogo, nacido en Francia y reconocido como Mahatma Chandra Bala en el oriente, un título honorifico muy raro de conceder, aun para los maestros de la India.

Gracias a ese libro comprendí las ventajas y la importancia del vegetarianismo, la astrología, la yoga, y otras ciencias abstractas. Pensé que no quería llegar a una edad adulta o a la vejez con achaques y enfermedades prematuras o perder las facultades mentales. Anhelaba una vida tan larga y sana como fuera posible y estaba dispuesto a "pagar el precio" (las disciplinas, los cambios necesarios, mejores habitos alimenticios, ejercicio, yoga....etc.) para mejorar la salud y hacer todo lo que promoviera el desarrollo espiritual.

Fué así que a la edad de 23 años decidí dejar de comer carne de cualquier animal, incluyendo las carnes rojas, aves, pescado y animales marinos. Dejé (renuncié) el cigarro y las bebidas alcoholicas (la cerveza y el vino que ocasionalmente fumaba o tomaba). Todo lo dejé de la noche a la mañana, sin vacilar o dudar y jamás he vuelto a esos malos habitos.

La nicotina es un terpenoide, una resina muy dañina para los pulmones y el corazón. Los habitantes de la America precolombina acostumbraban fumar la planta de Nicot solo en ocasiones especiales, rituales, celebracion de los equinoccios y solsticios, tratados de paz.....etc. Tambien humedecian las puntas de las flechas en la resina (70% nicotina pura) para que las flechas fueran mas mortiferas al momento de penetrar en el cuerpo del animal o de algun guerrero enemigo. El alcohol contenido en las bebidas alcoholicas, causa estragos serios en la salud y gran cantidad de accidentes con frecuencia mortales. Aun el vino de mesa o la cerveza, bebidas "suaves" o de "moderación", contienen de 6 a 10 grados de alcohol puro. Asi que en 10 litros de vino ingerido en uno o dos meses como en Europa, se esta bebiendo un litro de alcohol puro, en un año habrá ingerido de 6 a 12 litros !! Doce litros de cerveza al mes (a veces mas), ¡ equivalen a 1.2 litros de alcohol puro cada mes, 14.4 litros cada año !

El efecto es que se van perdiendo las facultades mentales y los reflejos, la voluntad y la dignidad, se acorta la vida y la calidad de vida se vuelve miserable. Sin mencionar todos los problemas y tragedias familiares y sociales que causa.

Un cuerpo intoxicado y mal nutrido incluyendo el cerebro, no puede ser sano ni permite a la mente razonar bien, el discernimiento se distorciona siendo la causa de muchos accidentes, muertes y crimenes. El alcohol deshidrata las neuronas y las destruye, además acaba con el hígado y las drogas son acidos que corroen las neuronas (los nervios, las sinapsis y el cerebro mismo se destruyen).

Sin un cuerpo sano y una mente sana, ¿quien lo va a querer?

Ni su familia que si se vuelve loco, lo meten en un manicomio.

La naturaleza es muy sabia y nos muestra claramente que el cuerpo humano no esta hecho para comer carne. Se puede adaptar pero fuerza al corazón, el sistema digestivo, ingiere muchas toxinas (putrecina, cadaverina, de la familia de las purinas) produciendo un desgaste y envejecimiento prematuro; participa en el asesinato colectivo de los animales. (el NO MATARAS, no hace excepciones y podriamos decir: "no mataras ni en pensamiento"). Hay demasiada variedad de alimentos como para tener que sacrificar a los animales que tambien están en un proceso evolutivo y es privarlos. Es claro que en ciertas regiones del planeta, comer carne sea una cuestion de supervivencia, como en los polos, en algunos desiertos.

Ademas la mente se vuelve mas inquieta y agresiva. No tenemos garras en las extremidades, ni colmillos agudos como los animales carnivoros, los molares son diferentes, el jugo gastrico de los animales carnivoros es mucho mas fuerte que el del humano. El perro por ejemplo, produce un acido cloridico lo suficientemente fuerte como para que pueda digerir huesos. Los intestinos del humano son mas largos que el de los animales carnivoros. Y finalmente los animales mas fuertes son herbivoros: el caballo, el toro, el rinoceronte, el elefante. Entonces porque comer de segunda mano lo que podemos comer de primera mano. La fuerza no esta en la carne, esta mas pura en las hierbas, semillas y frutas. Están tambien la leche y sus derivados: queso, yugurt, mantequilla....etc.

Todo esto impide o retarda nuestra evolucion espiritual y contribuye a prolongar la infelicidad, amargura, enfermedad, muerte y decepción. Se vuelve mas lento, ineficaz, menos creativo, menos exitoso y es un suicidio lento pero seguro. No vale la pena. Es mejor cambiar por mejores habitos, una vida sana, disciplinada, con elevados ideales si realmente queremos ser sanos y libres de conciencia. Un Maestro dijo: Pocos han realizado lo hermoso que es ser sanos y libres de conciencia.

Comprendí tambien la gran importancia de preservar, transmutar la energia sexual. Asi que decidí vivir la experiencia de la bramacharia o continencia sexual por un periodo de 7 años, de los 23 a los 30 años de edad. Todo esto con conocimiento de causa y un proposito elevado.

El las enseñanzas de la Yoga se dice que el Samadhi es la maxima experiencia, suprema, sublime, que un ser humano pueda experimentar. Es la identificación mistica, la Union Perfecta con Dios, la Interpenetración Completa, la Realizacion del Sí. Es la Meta Suprema del Yoga. El Estado Final. La Revelación Directa del Universo Eternal, la Evación del Tiempo y el Espacio. La Gran Visión de lo Verdadero, sin pensamiento. La Conciencia Divina. Unión de Atma con Paramatma. Comunion Absoluta con Dios. Cuando recibí esta información, sentí un profundo deseo por vivir, realizar el Samadhi y estaba dispuesto a hacer lo que fuera necesario para lograr la Gran Experiencia, que me liberaria de los sentidos fisicos, de la mente y del karma.

La FE siempre fué parte de mi ser, nunca dudé de la existencia de Dios, ni de las enseñanzas de los Grandes Maestros, los Avatares, los Cristos, los Budas…..etc. Sabía que sus palabras eran verdaderas y ellos habían experimentado, realizado lo que enseñaban.

Una "sed" de Saber y Realizarme espiritualmente se apoderó de mí. Ese era el proposito verdadero de mi vida, la de todo ser humano, Realizar su verdadero Ser, el Espiritu, lo sepan o no lo sepan, lo acepten o no lo acepten, conciente o inconcientemente. La humanidad está en un proceso evolutivo que no depende de la voluntad humana. Es un Imperativo Cosmico, un Plan preconcebido por la Inteligencia Divina, donde somos libres de revelarnos o aceptarlo, pero tarde o temprano (en un segundo, una vida o muchas re-encarnaciones), ya sea por el sufrimiento intenso e insoportable o por comprensión, continuaremos evolucionando. La Creacion y su proceso ciclico de Involucion-Evolucion esta regido por Principios Universales (estudiese el Kibalion). Si nos rebelamos o actuamos en contra de estas Leyes Universales, nos causaremos todo tipo de problemas y sufrimientos indecibles, en diferentes grados. Si actuamos en armonia con estos Principios Universales, podemos realizar nuestras metas y ser muy felices en cualquier plano de conciencia en que nos encontremos.

Somos co-participes, co-creadores de nuestro propio destino, gracias al don que se nos ha dado del Libre Albedrío.

Los humanos buscamos afuera, en el mundo fisico, lo que está en nosotros mismos, adentro, en el centro de nuestra conciencia.

El Yoga nos enseña, mediante metodos cientificos, COMO lograr la Maestria de los sentidos y de la mente y despertar la Conciencia Espiritual. Nos enseña tambien la gran importancia del Guru, el Maestro discipador de las tinieblas de la mente, el Guia Espiritual, un Mentor Divino o como quiera llamarle, un ser humano que verdaderamente ha realizado y conoce a Dios., para avanzar mas rapidamente, evitar desviarse y peligros mayores en la busqueda de la Verdad, en ese caminar por el Sendero, la Via, el Tao.

El Sublime Maestre Avatar, dejo su cuerpo, (hizo su Samadhi definitivo, Maha Samadhi) en 1952. No tuve la dicha ni gran privilegio de haberle conocido en su persona fisica. Pero conozco sus Obras escritas, y su gran obra humanitaria, su vida ejemplar de servicio impersonal por el bien de la humanidad.

Conocí personalmente a sus 4 discipulos directos y un quinto discipulo directo que permaneció en secreto.

Existen en la Tradicion Iniciatica, 7 grados de Iniciacion Real y corresponden a los 7 chackras principales:

GETULS .... 1er.GRADO .... CHACRA MULADHARA
GELONG .... 2°. GRADO .... CHACRA SVADHISTANA
GAG-PA .... 3er. GRADO .... CHACRA MANIPURA
GURU .... 4°. GRADO .... CHACRA ANAHATA
SAT CHELA .... 5°. GRADO .... CHACRA VISHUDDA
SAT ARHAT .... 6°. GRADO .... CHAKRA AGNA
SAT GURU .... 7°. GRADO .... CHAKRA SAHASRARA

Se dice que el septimo grado es solo para los Grandes Instructores, Los Budas, Los Cristos, los Avatares, los Mesias....etc.

Los cuatro discipulos directos del S. Maestre Dr. Serge Raynaud de la Ferriere, llegaron al 6°. Grado de Iniciacion Real, lo cual es ya un alto grado de evolución aquí en la tierra, ellos fueron Venerables Sat Arhats.

Asi que mi contacto directo con ellos fué trascendental en mi vida. Su influencia ha sido grande sin poder cuantificarla. Ellos son:

El Dr. Jose Manuel Estrada
El Dr. David Ferriz Olivares
El Profesor Alfonso Gil Colmenares
El Sr. Juan Victor Mejias.

Podría escribir un libro sobre mis experiencias con ellos, sin embargo esta autobiografia no es el marco apropiado. Solo diré que pude sentir su poder espiritual, su gran saber y su humildad. A la fecha de Julio 2012 el Ven. Sat Arhat Alfonso Gil aun vivía enseñando dentro de la GFU.

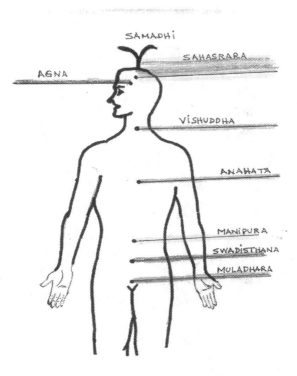

LOCALIZACIÓN APROXIMADA DE LOS CHAKRAS

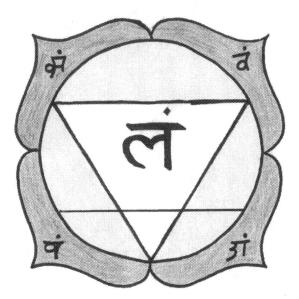

MULADHARA CHAKRA

ELEMENTO: TIERRA   PLEXO: SACRO (ARRIBA DEL PERINEO)

GLANDULA: SUPRARRENAL IZQUIERDA   MANTRA: LAM

DEIDAD FEMENINA: DAKINI   DEIDAD MASCULINA: BRAHMA

PLANETA: SATURNO

CUALIDADES QUE SE DESARROLLAN: DON DE LA PALABRA, ORGANIZACIÓN, RESPONSABILIDAD, CONTROL SOBRE LAS EMOCIONES, SE TRASCIENDE LA TRISTEZA..... ETC.

SWADISTHANA CHACRA

ELEMENTO: AGUA   PLEXO: HIPOGASTRICO (ABAJO DEL OMBLIGO)
GLANDULA: SUPRARRENAL DERECHA   MANTRA: VAM
DEIDAD FEM: RAKINI   DEIDAD MASCULINA: VISHNU
PLANETA: JUPITER   COLOR: ANARANJADO
CUALIDADES: SUPERACION DE PREJUICIOS, RENOMBRE, ÉXITO, EXPANSION, MEMORIA, SUBLIMACION DE LA SEXUALIDAD Y EMOTIVIDAD, ETC.

MANIPURA CHAKRA

ELEMENTO: FUEGO   PLEXO: SOLAR (CASI A LA ALTURA DEL OMBLIGO)

GLANDULA ENDOCRINA: BAZO, HIGADO, PANCREAS   MANTRA: RAM

DEIDAD FEM: LAKINI   DEIDAD MASC.: SHIVA

PLANETA: MARTE   COLOR: AMARILLO

CUALIDADES: VOLUNTAD, DINAMISMO, PODER CURATIVO, ENERGIA..... ETC.

ANAHATA CHAKRA

ELEMENTO: AIRE	PLEXO: CARDIACO
GLANDULA: TIMO	MANTRA: YAM
DEIDAD FEM: KAKINI	DEIDAD MASC: ISHA
PLANETA: VENUS.	COLOR: VERDE

CUALIDADES: AMOR UNIVERSAL, DEVOCION, BELLEZA, VENERACION,
GOZO, PUREZA, ETC.

VISHUDDHA CHAKRA

ELEMENTO: ETHER	PLEXO: FARINGEO
GLANDULA: TIROIDES	MANTRA: HAM
DEIDAD: MAYADISHA	DEIDAD MASC: SHAKINI
PLANETA: MERCURIO	COLOR: AZUL CLARO

CUALIDADES: CLARIVIDENCIA, CLARIAUDIENCIA, TELEPATÍA, SABIDURÍA, JOVIALIDAD, EXPRESION, ... ETC.

AGNA CHAKRA

ELEMENTO: MENTE   PLEXO: CAVERNOSO (TERCER OJO).

GLANDULA: PITUITARIA o HIPOFISIS   MANTRA: SHAM o OM

DEIDAD: HAKINI

PLANETA o CUERPO CELESTE: LUNA

CUALIDADES: INTUICION, SABIDURÍA, REALIZACION..... ETC.

ARDHA-BADDHA-PADMASANA. Esta es una variante; existen otras variantes. Sirve para el desarrollo del plexo sagrado y la iluminación del primer chakra: Muladhara.

PARA ILUMINAR EL 2°. CHAKRA: PARVATASANA.
Tambien se le conoce como la montaña.

USHTRA ASANA. Se practica para iluminar el segundo chakra: SVADHISTANA.
Plexo hipogástrico. Glandula suprerrenal derecha

VAJRA-CHAKRASANA. Para la iluminación del cuarto chakra: ANAHATA. Plexo cardíaco.

BHUJANGASANA. Para iluminar el cuarto chakra: ANAHATA. Corresponde con plexo cardíaco y la glandula Timo.

SARVANGASANA. Aquí la estoy practicando en la variante de Padma-Sarvangasana. Para la iliminación del quinto chakra: VICCUDHA. Corresponde con el plexo tiroideo y glandula Tiroides.

PADMASANA. Postura clasica para la meditación.

SIDDHASANA. Excelente para la meditación. Posición del triangulo.

Con la meditación científica y sistematica, uno de los muchos efectos que se producen en el sistema nervioso, es el hecho que se despiertan o activan las neuronas que están parcialmente o totalmente inactivas (dicen algunos científicos que son aproximadamente el 90 %), o sea que no están trabajando correctamente a toda su capacidad. Al activarse las dendritas y las neuronas del sistema nervioso y en especial del cerebro, se aumenta la capacidad de asociar ideas lo cual nos hace mas inteligentes.

A un nivel mas profundo, gradualmente se desarrolla <u>el sentido ético, estético y sagrado de la vida.</u> Esto se refleja en un cambio de conducta mucho mejor, haciéndonos mas conscientes, mas felices, mas serenos y pacificos, mas comprensivos, mas eficientes en nuestro trabajo, mas compasivos y bondadosos, mas libres y verdaderamente mas exitosos.

Personalmente he intensificado la practica del mantra yoga meditación, sin dejar las asanas ni el pranayama. Es inútil repetir que la guía de un Maestro o Gurú plenamente realizado es esencial para lograr el Samadhi.

Si tiene una inquietud o un deseo de saber más, se le presentaran libros y maestros de menor grado.

Si trae muy buen karma y una determinación plena de liberarse, de autorrelizarse, de experimentar a Dios o a la Consciencia Universal, entonces aparecerá un Maestro de Sabiduría en su camino y sabrá reconocerlo.

MI ESTANCIA EN LAS MONTAÑAS

Llavaba ya un conocimiento basico de la Hatha Yoga y la practica que aprendí en dos Institutos de Yoga en la ciudad de Mexico, así que continué con la practica de la gimnasia psico-fisica, las asanas y el pranayama.

Al principio fué muy dura la soledad, la ausencia de relaciones humanas, de los estimulos de los sentidos y distracciones comunes de la vida en la gran ciudad. Pude observar el caos de mi mente indisciplinada, el flujo incesante de pensamientos, sentimientos y emociones. Pero contaba con una voluntad ferrea, inquebrantable, (tal vez saturno en conjuncion con marte en la primera casa), un deseo absoluto de realizar a Dios, de EXPERIMENTAR EL SAMADHI y la promesa de la Liberación Total, la Subime Escapada.

(Jesus dijo: "Yo he vencido al mundo" o sea, Yo he conquistado los sentidos fisicos, he conquistado mi mente, he realizado la verdad ultima, la Conciencia Universal.......). la Dicha Suprema, Ananda, Pra-Shanti, Prema, Ain Soph........etc. Había dos baños "reales" (que ni los reyes tenían) en los arroyos de las montañas cerca de mi choza.: Uno de ellos lo acondicioné con una piedra plana para sentarme comodamente bajo una cascada de poca altura, abundante, para recibir el gran chorro de agua fría, cristalina y vivificante por dos o tres minutos para luego hacer los ejercicios psico-fisicos y así entrar en calor.

La segunda cascada, se encontraba a unos trecientos metros corriente arriba, con suficiente altura para pararme bajo el chorro y bañar mi cuerpo fisico.

Con frecuencia escuchaba el canto de algunos pajaros poco comunes, de bello plumaje y vuelo fascinante en el marco de una vegetación abundante de montaña. Me sentía privilegiado de estar en un ambiente natural puro que ningun palacio posee. Me deleitaba con la sinfonía del aire al paso de las hojas, el follaje de los arboles.

Cuando había luna llena, salía a caminar por el bosque bañado por la argentina y magica luz plateada de la luna.

Había un encanto, una serenidad, una belleza sublimes que sentía como balsamo para el alma y catalizador de la imaginación. Que enajenado me encontraba en la gran ciudad, con sus infinitas actividades tribiales, en una vida dedicada solo a buscar el confort material y la satisfacción ilusoria de los sentidos.

Con frecuencia hacia caminatas diurnas por las montañas, me sentía como un ciervo silvestre, como un ave libre, lleno de una pureza y dicha que antes no conocía.

Pude sentir la vida en toda su plenitud, en todas sus formas, convivir con la naturaleza, amarla, comunicarme con ella, mejor aun, en comunión intuitiva con ella. Comprendí y sentí que no había discusiones con la naturaleza, ni vibraciones discordantes, solo paz, gozo y armonía.

Cada semana atravesaba las montañas a pie, caminando de 4 a 5 horas para ir a la Cd. Pachuca, Hgo. donde compraba comestibles para mi subsistencia. Tambien comía frutos silvestres como tejocotes, manzanas, duraznos.

Quiero hacer mención de un viejo amigo montañes, Baltazar Gonzalez quien vivía en el pueblo llamado Mineral El Chico, cerca de la choza en la ladera de un cerro cubierto de espesa vegetación, arboles frutales, pinos, flores y variadas plantas y un arroyito. Baltasar trabajo mas de 25 años en las entrañas de la tierra como minero y su pasión era la guitarra que tocaba bastante bien, incluyendo obras clasicas y populares. (Obras de Alirio Diaz, Tarrega, Indio Mangore por citar algunas.) La guitarra y su musica eran su escape de la vida materialista que vivia, una forma de tratar de satisfacer su espiritu.

A pesar de sus manos maltratadas por su duro trabajo en las minas de plata, me deleitaba algunas noches con su musica a la luz de una vela. Su vida sencilla me ayudó a comprender la importancia de la sencillez para una vida feliz.

Con frecuencia recibia visitas de turistas europeos y norteamericanos que visitaban el lugar. Sabia de apicultura, ingertar arboles, jardinería y preparaba unas comidas deliciosas, frescas y naturales, manjar de reyes.

Recolectaba hongos comestibles, berro y otras hierbas aromaticas, cocinaba con leña lo cual daba a la comida, un sabor especial..

Gracias a el pude comprar una pequeña propiedad donde viví un tiempo (cerca de tres años) y su amistad fué un regalo de Dios. Un hombre sencillo y bueno.

Durante mi estancia en las montañas del mineral El Chico, tambien dibuje al carbón, muchos rostros de maestros espirituales que me inspiraban y me ayudaba a mantenerme enfocado y como una forma de comunión con ellos.

Disfrute de paisajes bellisimos, atardeceres y amaneceres indescriptibles que arrebataban mi alma con un sentimiento y añoranza divinos. En mis travesias por las montañas, a veces surgían miles de catarinas volando sobre el pasto verde, cubierto del rocio matinal donde se reflejaban los rayos del sol en un crisol de colores como diamantes naturales.

A veces, en las montañas recogia el rocio con mi lengua, el rocío que había en las hojas y flores a mi alcance, como un nectar, una ambrosia cosmica que rejuvenecía mis celulas, organos y mente.

Todo era como una antesala, una preparación, una purificación para las experiencias trascendentales que me esperaban en un futuro proximo.

Que burda, grotesca, contaminada y agresiva me parecía la vida en las ciudades, comparada con la vida natural y pacifica en las montañas. Estaba creando mi propia realidad. Todos podemos crear nuestra propia realidad.

El estudio de las enseñanzas sagradas, el esoterismo, la simbología aunados a la meditación profunda y la Yoga comenzaron gradualmente a transformar mi conducta, la forma de percibir la realidad, la vida. Poco a poco fuí desapegandome de mi cuerpo fisico y mental. Poco a poco fue surgiendo la conciencia espiritual.

Lentamente avance en la autodisciplina y control de la mente (educación, maestria), sadhana. Cada vez el caos mental era menor y el cuerpo fisico se volvio dócil y presto a la acción, gracias a la practica de la Hatha Yoga, lo cual es necesario para la practica de otras formas de Yoga mas mentales como la Bakti, Raya, Laya...... etc.

Experimenté una rotación de horarios para percibir, sentir las vibraciones de las diferentes horas del día. Me levantaba una semana a las 4 am, continuaba con otra semana levantandome a las 6 am, la siguiente semana a las 8 am., la siguiente a las 10 am., la siguiente semana me levantaba a las 12 horas (mediodia) y asi sucesivamente hasta que completaba las 24 horas. Pude comprobar que efectivamente, cada hora del dia tiene una vibración diferente.

Después de este experimento, volví a un horario mas o menos fijo.

Mi ambición era ser un YOGHI porque según el Bhagavad Gita, es lo mas grandioso que un ser humano pueda ser o realizar, ya que el Yoghi con la guía de otro Yoghi realizado, el tiempo y la practica constante, logra la felicidad suprema, el Samadhi, la Liberación en el Absoluto, la Conciencia Cosmica Eternal, la Reintegración a Dios.

Nada se compara con la Victoria, la Gloria, la Dicha Suprema del Yoghi que a realizado el Samadhi.

¿PORQUE YO? ¿PORQUE NO YO?

Me inspiraba mucho la leyenda de Melquisedek, sacerdote, sabio, Iniciado, sin linaje ni ascendencia conocida. Yo no vengo de una tradición espiritual conocida en mi familia, nunca supe que haya habido sabios o Iniciados en mi familia, ni siquiera cientificos o artistas. (Vease pagina 4).

Tambien me motivaba y me sigue motivando meditar, la enseñanza que dice: ¨Vosotros sois dioses en embrión¨, en potencia de ser¨ o: ¨lo que yo hago, vosotros lo podeis hacer y aun mas ¨ dijo Jesús.

¿De donde entonces mi fuerte inclinación por lo espiritual?

¿Porque ese deseo persistente de conocer la Verdad, Dios, realizar el Samadhi, la Conciencia Universal?

Seguramente que en vidas anteriores ya había iniciado mi busqueda, las practicas espirituales (sadhana) y llegado el momento, continué en esta vida.

Durante mi estancia en la India, cuando me encontraba en Madhuban, Mount Abu, provincia de Rajastan, estudiando y practicando la Raja Yoga, me dijeron que yo era una reencarnación de Shivaji, un emperador mogol del siglo XVII. ¿será cierto?

No lo sé. Halaga mi ego, pero prefiero no pensar en eso, ni en el karma porque nada puedo hacer o cambiar del pasado. Lo unico que cuenta es el presente que debemos vivir positivamente. Es así que preparamos un futuro mejor. El futuro aun no es, por lo tanto no es real, solo el presente es real.

INDEPENDENCIA

Una de las cosas que me preocupaban era encontrar un medio para subsistir, "ganarme la vida" sin tener que ser un empleado, ni depender de jefes o instituciones o empresas de ningun tipo. Gracias a las altas calificaciones y honores que obtuve en el bachillerato, pude conseguir cuatro becas para estudiar en la UNAM (Universidad Nacional Autonoma de Mexico) en la Cd. de Mexico.

En aquel tiempo, era un privilegio y una moda estudiar en la UNAM, así que mi sueño se realizó y empecé a vivir lejos de mis padres y hermanos que vivian en la Cd. de Chihuahua a unos 1500 kms. de la gran capital. Mas que el hecho de graduarme en una carrera cientifica (Ingenieria Quimica) era el hecho de sentirme autosuficiente y libre.

Cuatro becas era bastante dinero para un estudiante y hasta me daba el gusto de enviar algo de dinero a mis padres.

Aun como profesionista, no quería ser empleado, así que como mencioné anteriormente, en 1970, mi hermana Engracia me regaló un libro, una obra maestra de Yoga titulada: Yug Yoga Yoguismo, Una Matesis de Psicología por el Dr. Serge Raynaud de la Ferriere, (gran sabio y cientifico, reconocido además con el titulo honorifico de Mahatma Chandra Bala en la India) quien expone la importancia de la Astrología como verdadera ciencia madre, milenaria, que es indispensable conocer si deseamos abordar con seriedad otras Ciencias. Se le llama ciencia madre porque de la Astrología nació la Astronomia, la Medicina y la Magia. Su nombre mas correcto es Cosmobiología ya que estudia el cosmos y la vida.

Desconocía la existencia de la Astrología, luego pensé que era una superstición y finalmente me dí cuenta de mi ignorancia. Dice el Dr. De la Ferriere: "La Astrología le permite conocerse a sí mismo sin necesidad de un psicólogo". Estas palabras llegaron a lo profundo de mi conciencia porque yo no me conocía a mi mismo y dudaba de los psicólogos porque los que conocía en la Facultad de Psicología de la UNAM, estaban necesitados de ayuda psicológica ellos mismos!!

Fue así como decidí estudiar y practicar seriamente la Astrología (mejor sería decir: Cosmobiologia), no solo para estudiarme y conocerme a mi mismo, conocer la Astrología religiosa con los grandes ciclos, sino también para hacer estudios astrológicos, horóscopos, y de esa manera ganarme la vida siendo totalmente independiente.

Mis necesidades eran mínimas y básicas, así que pude vivir muy modestamente de la Astrología. Me convertí en astrólogo.

"Todo esta escrito en el Gran Libro de los Cielos, mas no todo lo que está escrito, tiene necesariamente que suceder". Es aquí donde interviene el poder de la voluntad y el libre albedrío y con ello la responsabilidad.

La carta astral o natal como le llaman, indica las tendencias del carácter (sanskaras), las mejores posibilidades de desarrollo del individuo, su vocación, su personalidad ….. su karma, no como un determinismo, sino como un mapa o guía para saber donde y como debemos trabajar en nosotros mismos, para cambiar, para mejorar, para transmutar con conocimiento y así avanzar mas rápido y con menos errores hacia la evolución de la conciencia, siempre y cuando la persona este dispuesta a hacer el esfuerzo necesario.

La repetición de un pensamiento, un acto, una emoción, repetición continua, frecuente, termina por crear una tendencia y luego un habito. Los hábitos generalmente se vuelven actos

inconcientes, automáticos. Podemos manejar, caminar, pintar ......
y sostener una conversación con alguien.

Los instintos, los rasgos del caracter no surgen de la nada,
son hábitos, patrones de conducta que se adquirieron en el
pasado, en esta vida y con frecuencia en otras vidas y que se
volvieron automáticos, inconcientes. Podríamos decir quizás que
son actos de razón inconciente. La razón involuciona o evoluciona.
Todo instinto o actitud o hábito son producto de una
experiencia o multiples experiencias. Los animales solo tienen
instintos, aun no han evolucionado al punto de desarrollar la razón.
La razón cuando involuciona se convierte en instinto, en actos
inconcientes. Cuando evoluciona, es siempre un acto conciente.
Así, la intuición es una razón evolucionada, una facultad
avanzada de la mente, una expresión mas sutil del Espíritu.

Por eso, la evolución es un proceso conciente. Los sanskaras
son tendencias del carácter, hábitos adquiridos en el pasado, en
esta y en otras encarnaciones.

Podemos trabajar sobre nuestros sanskaras, nuestros hábitos.
Podemos perfeccionarlos, sublimarlos o deshacerlos, transmutarlos,
según convenga a nuestra evolución. Algunos tienen raices
muy profundas, otros son menos arraigados, menos profundos.
¿Que quiero decir con profundidad? Cuanto más tiempo se ha
practicado, se ha repetido un acto, una acción, mas profundo
y fuerte será el hábito que crean. Así que en algunos hábitos
(sanskaras), habrá que trabajar por años o vidas, al menos que
encontremos técnicas poderosas y comprobadas para acelerar
el proceso. De hecho existen esas técnicas y son enseñadas a los
discípulos con suficiente buen karma que de alguna manera,
merecen las enseñanzas de un Maestro (Guru) realizado.

El Yoga nos ofrece métodos (técnicas) excelentes que
requieren ciertas condiciones para lograr resultados de alto nivel.

+ Un cierto grado de conciencia del individuo.
+ Intensidad de la práctica.
+ Guia de un Mentor o Gurú auténtico.

+ El karma "bueno" del discípulo o estudiante.
+ Constancia y Perseverancia.
+ La Gracia Divina.

¿Que porcentaje poseemos de estos requisitos? Eso depende de cada individuo y es difícil saber con seguridad. Lo mejor es ponerse a trabajar sin condiciones personales sobre sí mismo y aplicar todos los medios a su alcance, sin estar ansioso por los resultados.

En todo caso, cualquier persona puede practicar la Yoga, sin importar su edad, sexo, escolaridad, religión, estatus social y sentir un beneficio desde aprender a relajarse física y mentalmente, eliminar el estress y las preocupaciones, mejorar su salud, controlar sus pensamientos y emociones, ser mas tranquilo, disfrutar la vida a un nivel más sutil, alcanzar el éxito en todas las areas de su vida, aumentar la confianza en sí mismo (a), mejorar la memoria y la eficiencia en su trabajo, mejorar se discernimiento, su comprensión, mejorar su actitud volviéndose mas positivo (a).....etc. y algunos podrán realizar el Samadhi.

Ningún esfuerzo se pierde en la práctica del Yoga, siempre hay un beneficio.

Los Mantras repetidos con conocimiento y transmitidos por el Maestro o Guru, pueden hacer maravillas. Estos penetran al fondo del subconsciente, como energía vibratoria especial y comienzan a disolver, borrar, desintegrar gradualmente las tendencias negativas, las impresiones nocivas de la infancia o cualquier época de nuestra vida o de vidas pasadas, y hábitos nefastos como fumar, tomar bebidas alcohólicas o drogas, hasta eliminar el egoismo, el odio, la lujuria, el crimen y la ignorancia espiritual....etc. Recordemos que el Verbo, la Palabra son vibraciones poderosas. Todos sentimos el efecto de un elogio sincero, de unas palabras de aliento o de un insulto, la voz hermosa de un cantante, el poder de la oración, etc. que pueden cambiar rapidamente nuestro estado de ánimo. No es raro pues, que ciertos sonidos (Mantras) descubiertos y practicados por incontables generaciones, por los Maestros que a su vez lo transmiten oralmente a los verdaderos discípulos, puedan lograr efectos muy profundos en la psique del individuo, con la debida práctica correcta.

Hay una variedad de Mantras que despiertan el Amor Divino, el Gozo, el Saber Universal, la Humildad, la Compasión, la Pureza, la Alegria, la Fé, la Salud, la Sabiduría, la Energía, el Poder, el Altruismo y todas las virtudes latentes en el ser humano y finalmente la Conciencia UNIVERSAL ETERNAL.

Los Mantras son muy poderosos para enfocar la mente y limpiarla, estabilizarla, tranquilizarla y trascenderla llegando al estado de "no-pensamiento", es decir, es elevarse hasta la Consciencia Pura, la Consciencia Divina, Cósmica, Universal o como quiera llamarla.

Los Mantras, como son personales, no se deben mencionar a nadie pues perderían su fuerza y poder.

DE LAS MONTAÑAS A
VIAJAR POR EL MUNDO

En mi estancia en las montañas del Mineral El Chico, Hgo. pensé que podia retirarme del mundo y ser un renunciante, un sanyasin y vivir en el bosque dedicado a las cosas del espíritu. Mi edad biológica era de 25 o 26 años, asi que después de tres años en las montañas, comprendí que no estaba listo para esa etapa de la vida (vivir retirado del mundo). Aun era muy joven espiritualmente.

Entonces decidí viajar por el mundo y visitar centros de desarrollo humano, templos, ashrams, escuelas y maestros espirituales. Contaba con un poco de dinero ahorrado y con la Astrología como mi nueva profesión y me hice miembro de la American Association of Astrology.

Ya estaba encauzado en la practica de la Hatha Yoga que aprendí en dos Institutos de Yoga de la GFU en la Cd. de Mexico y un curso intensivo en la Cede Central de la GFU (Fund. del Dr. Serge Raynaud de la Ferriere) en Caracas, Venezuela. Tambien tuve el privilegio de estar en el Santo Ashram de El Limon, Maracay, Venezuela. con los venerable Dr. David Ferriz Olivares, el VSA Juan Victor Mejías y el VSA Gil Colmenares.

Practiqué la vida de ashram en varias ocasiones en Coatepeque, Veracruz, con el VSA Jose Manuel Estrada, en Tarimoro, Guanajuato con el VSA Gil Colmenares y VSA Juan

Victor Mejias, en un ashram en la provincia de Quebec en Canada.

Desde el momento en que decidí hacerme ovo-lacteo-vegetariano, inicié la practica regular de la Yoga, desde los 23 años de edad. La gimnasia PsicoFisica también a sido una de las prácticas muy beneficas para la salud fisica y la Meditación.

Tambien fuí iniciado en la Masonería, en el Rito Escocés Antiguo y Aceptado en la Cd. de México. donde estuve activo por un tiempo, sin embargo, el Yoga llenaba cada vez mas mi vida.

La Francmasonería fue una fuente de inspiración, de amistades y relaciones que me sirvieron en mi viaje alrededor del mundo. Desde el punto de vista de la Iniciación Real, la Masonería como otras organizaciones ¨esotéricas¨ están lejos de ser lo que deberían ser pero algún día se regenerarán.

De las montañas pase a vivir en una bella y tranquila colonia de la Cd. Cuernavaca, donde conocí un Centro de Raya Yoga, dirigido por unos brama kumaris. Ahí conocí a la hermana Elena de España y las yoguinas Dada y Didi Yanki de la India, almas avanzadas en el sendero espiritual. Asistí regularmente a este Centro e intensifiqué la practica de la Raya Yoga. Fué así como fuí invitado a un gran evento en la Universidad Espiritual de Maduban, en Mount Abu, provincia de Rajastan al nor-oeste de la India. Este viaje a la India resultó de gran trascendencia en mi vida.

Desde mi retiro en las montañas de Hidalgo, a la edad de 23 años, decidí observar la bramacharia (abstención de las relaciones sexuales) por un tiempo que se prolongo por siete años. Esta experiencia es muy importante en el sendero espiritual y debe hacerse con conocimiento de causa, conociendo el porque y para qué y es absolutamente voluntaria. No es una obligación.

La energia sexual es muy poderosa y como toda energia, debe ser controlada, educada, dirigida o sublimada para que no sea usada inconcientemente o instintivamente como los animales.

No existe una regla general para la duración de la abstención sexual. Depende de cada individuo, de su estado fisico, de su grado de conciencia y de sus aspiraciones. Hay quienes no deben practicarla debido a su caracter fisiológico y psicológico, a otros conviene una abstención de un año, tres años, 7 años, etc. y algunos para toda la vida.

La maestría de la fuerza vital sexual es una experiencia que cada ser humano deberá vivir cuando esté psicológicamente listo, cuando sea su tiempo para ello y que aún pueda ejercer dicha función.

Se puede crear biológicamente o sea procrear hijos, tambien se puede crear intelectual y espiritualmente, como son las obras de arte, científicas, filosóficas o transmutar la energía en experiencias místicas, en ideales, en el trabajo humanitario....etc.

El Yoga me ayudó a transmutar la energia creativa vital por medio de ejercicios, asanas y meditación. Una vez que se pasa el período voluntario de abstención, se pueden tener relaciones sexuales, pero ahora es más como un acto de voluntad que como un mero instinto animal, con mas conciencia, mas plenitud y un gozo más elevado.

Por supuesto que fuí muy criticado y mal comprendido por mi familia, mis colegas y mis amistades. Llegaron a pensar que me estaba volviendo hippie o loco. Y es comprensible, pues hacer los cambios que hice, y a esa edad (en occidente) cuando lo común es luchar por la vida, casarse, formar una familia, lograr una posición en la sociedad, hacer fortuna si se puede, lograr reconocimientos, poder mundano, ¨gozar¨ de la vida..... etc. Pero por alguna razón, nada de eso me atrajo, nada parecía satisfacer mi espíritu, así que decidí conocerme a mi mismo, conocer el propósito mas profundo y elevado de la vida, buscar y realizar a Dios.

De Cuernavaca, Morelos, viaje a Canadá donde estudié Filosofía y Arte en la Universidad de Ottawa. Pasaba muchas horas en la biblioteca estudiando y me sentí muy atraído por el budhismo, en particular en el Tibet y pude consultar muchas obras del budhismo tibetano y del arte sagrado del Tibet. Continuaba practicando el Yoga y la Meditación. Anhelaba conocer a un autentico Lama tibetano y llegó el día en que mi deseo se hizo realidad. Apareció una hoja a la entrada de la biblioteca de la Universidad de Ottawa, anunciando una platica-conferencia impartida por el Lama Karma Tinley Rimpoche. Esto me llenó de gran alegria y expectación. Por fin iba a conocer en persona a un autentico lama tibetano.

Acudí a la plática, era invierno, había una gruesa capa de nieve que no impidió mi llegada a la residencia donde el Lama Karma Tinley Rimpoche bajó del segundo piso a la sala estancia donde nos encontrabamos unas 30 0 40 personas de varias nacionalidades, con su vestimenta típica, sereno y una humildad que me impresionaron. Apenas podía articular algunas palabras en inglés, y primeramente hizo un saludo reverente a la audiencia, luego empezó a cantar un mantra que en pocos minutos, transformó la atmósfera de la habitación. Parecía que estabamos en otra dimensión, se sentía una gran paz y dicha. Luego dijo levantando su dedo indice:

¨One family, one family¨ (Una familia, una familia).

Quizás jamás hubiera yo entendido la verdad de que somos una sola familia toda la humanidad, solamente leyendo ventrudos volúmenes sobre la materia. Bastaron esas simples palabras, dichas con gran poder espiritual y amor para entender para siempre que el genero humano es una sola familia, sin importar edad, sexo, raza, nacionalidad, credos politicos o religiosos o posición social.

Al terminar su platica el Lama nos bendijo dándonos un poco de arroz a cada uno.

Yo permanecí en la sala, hasta que se retiraron todos y pedí hablar con el Maestro Lama. El me invitó a subir a su habitación en el segundo piso, me pidió que me sentara y era tal mi estado por la disciplina que practicaba que casi no hablé, simplemente mencioné los budas dirigidos a cada punto cardinal: buda del norte, del sur, del este, del oeste y del centro, tembien al Maestro Padmasambava quien trajo el budismo al Tibet y estableció el linaje de los Lamas, Avalokiteswara....etc. Me hizo algunas preguntas: Si era casado o soltero, si yo tenia relaciones sexuales, le dije que no, me preguntó que desde cuando y le conteste: por varios años y el Lama Rimpoche solo me escuchaba, se reía y me observaba. Yo estaba demasiado serio y el me hizo comprender que no lo tomara demasiado en serio, que podía sonreir.

Sentí un gran respeto y admiración por el Maestro y al despedirme, me paré enfrente de el, de estatura baja, le dije al tiempo que indicaba con el dedo indice derecho en movimiento ascendente de la base de la columna hacia la cabeza: IDA, PINGALA, SUSHUMNA. Entonces sonrío y fijó su mirada penetrante y compasiva en la mia. Me despedí reverentemente con las manos juntas en el pecho.

Regresé a mi recámara que rentaba cerca de la Universidad, medité un rato y me dormí. Como a las tres de la mañana sentí como una descarga eléctrica, por decirlo de alguna manera, en la columna vertebral que me despertó, no hice caso y trate de dormirme. Nuevamente recibí otra descarga en la columna y esta vez mas fuerte, lo que me impulsó a incorporarme, me senté en la cama en medio loto y entonces me vino una descarga de energía indescriptible durante aproximadamente un minuto que ascendió de la base de la columna vertebral al cerebro, se abrió la cima de mi cabeza (la moyera, la fontanela) por donde salió la energía y me convertí en el universo entero. Perdí la conciencia del cuerpo, la mente no pensaba y mi consciencia se convirtió en la Conciencia Universal Cosmica.

Todo lo que diga sobre esta sublime experiencia, es la sombra. Solamente quien ha experimentado el Samadhi, puede realmente entender totalmente lo que trato de decir con palabras que son demasiado limitadas. La palabra final es EXPERIENCIA, AUTOREALIZACION.

Durante una semana no pude salir de mi habitación, debido al estado en que me encontraba, mas allá de este mundo, aun cuando el cuerpo físico estaba en la recámara. Fueron días de meditación muy elevada y continua, hasta que gradualmente recuperé la conciencia corporal y "bajé" otra vez al plano físico Todo era diferente, mi cuerpo lo sentí diferente, a nivel celular algo pasó, mi comprensión y forma de ver la vida se transformó. En las semanas siguientes continué sintiendo la energía kundalínica ascendiendo desde el coxis hasta el cerebro aunque en menor intensidad.

Hay que tomar en cuenta que no tenía relaciones sexuales, ni vida social como fiestas, amigos...etc. Estaba totalmente ocupado en mi vida interior y las disciplinas.

Tres años pasé en Canada, me gané la vida haciendo estudios astrológicos, cosmobiologicos, horóscopos. Tenia una oficina en el centro de la ciudad, a un lado del salón de belleza mas famoso, así que no me era difícil conseguir clientes, sobre todo damas y esposas de los embajadores y agregados militares y público en general. Inclusive tube la oportunidad de hacerle el horóscopo natal al Primer Ministro de Canada, Joe Clark y tres de sus hombres de confianza. Tambien hice los horóscopos de embajador Barrios Gomez de Mexico y de su esposa. El Embajador Barrios Gomez con frecuencia me invitaba a los eventos culturales de la Embajada de México en Canada. Me encontré con el entonces presidente de Mexico López Portillo y su comitiva que visitó Ottawa la capital del pais, muy cosmopolita. Tambien fuí entrevistado por una estación de televión local, que tenía un programa destinado a personas con trabajos poco comunes.

Luego regresé a Mexico, donde después de algunos meses de readaptación, compré un bolero de avión valido para darle la vuelta al mundo, por un año, llendo siempre hacia delante. Era una promoción que tenia una aerolínea.

Inicié mi viaje volando de la Cd. de Mexico a los Angeles, Ca. Luego a San Francisco Ca. donde estuve unos dias con unos hermanos masones. De ahí volé a Hawai donde pasé unos dias en una de esas islas paradisíacas. El prana, la energía vital que sostiene el Universo y está en todo, se capta mejor en los lugares menos contaminados por el smog y la ¨civilizacion¨, tales como los mares, rios, desiertos, lagos, montañas, bosques...... y especialmente después de la lluvia que limpia la atmosfera parcialmente.

Procuraba practicar los ejercicios psico-fisicos, el pranayama, las asanas y la meditación al aire libre y en la naturaleza virgen siempre que era posible.

En todo momento disponible practicaba y practico en cualquier lugar, el pranayama o una oración silenciosa o la repetición en silencio de un mantram. Estaba decidido a mantener la mente enfocada positivamente en un estado de conciencia elevado lo más que me fuera posible.

Me dirigía a la India para asistir a un curso intensivo de Raja Yoga, en Madhuban, Mount Abu, en Rajastan. La siguiente escala fue en Tokio, Japón donde solo me detuve dos dias para luego hacer escala en Hong Kong. En este puerto pude contactarme con los hermanos masones quienes me retejaron para comprobar las claves que me identificaban como francmason. Fuí muy bien recibido, con la hospitalidad digna de ellos. Asistí a un taller masonico, conocí a varios H:.M:. entre ellos a uno inglés que era el jefe de la policía en Hong Kong. El Ven. Maestro de la Logia era un hermano indio (de la India) que que desde hacía mas de 30 años vivía en esa gran ciudad, se dedicaba a la bolsa de valores y me mostró la ciudad, culminando con una comida en un edificio en la bahia, con un restaurante giratorio en el ultimo piso donde la vista era espectacular. Dialogamos extensamente sobre la Masonería y la vida en el lejano oriente. Tambien tuve la oportunidad de hacerle su horóscopo natal (mapa cosmogenético). Fué así como me inicié internacionalmente como astrólogo. Le comenté la gran importancia de la Yoga y la Qabala como las dos tradiciones cientifico-espirituales mas serias en nuestro mundo contemporaneo.

Le expliqué las bases del método práctico de la Yoga y su relación con la Astrología y la Qabala Mística.

Había llegado la hora de volar a Nueva Delhi. En el aeropuerto me esperaban dos brama kumars, nos identificamos por un prendedor con el símbolo de Shiva, (en forma de un huevo cósmico con rayos dorados que representan las virtudes divinas del alma) que llevabamos puesto en la solapa del saco. Coincidió mi llegada a Nueva Delhi con la llegada de dos hermanos kumars provenientes de Sydney, Australia.

Cada año esta Organización de Brama Kumaris celebran el aniversario de su fundador, Prayapita Brama en un evento o seminario que dura cuatro semanas. Asisten practicantes de Raja Yoga de los centros de meditación en muchos paises. Para poder asistir a dicho magno evento se requiere haber asistido por un tiempo a algun Centro Brama Kunmar, practicar la meditación, haber recibido las enseñanzas básicas de Raya Yoga, practicar el vegetarianismo y la bramacharia (abstención de relaciones sexuales) voluntariamente consentida, no fumar ni tomar bebidas alcohólicas.

El Evento es muy bien organizado, todo está programado con cuidado y anticipación. Puedo decir que es una Organización seria y estricta en sus disciplinas para las personas que desean ser miembros activos y convertirse en Brama Kumars. El trato de los hermanos y hermanas es muy fino, espiritual, llenos de bondad y paz.

Fuimos transportados del aeropuerto al Centro-Ashram en Delhi donde pase dos dias antes de viajar a Madhuban en Mount Abu. Ahí pude apreciar el museo espiritual muy educativo. Por ejemplo se presentan escenas representando los vicios o ¨pecados¨ mas importantes y que obstaculizan el desarrollo espiritual del ser humano como la lujuria, el odio, la codicia, el ego....etc. y otras escenas representando las virtudes del alma que debemos desarrollar o perfeccionar como: la Paz, la Pureza, el Altruismo, el Amor espiritual......etc.

Un hermano brama kumar me acompañó a la estación de trenes para comprar mi pasaje a Mount Abu donde se encuentra la Universidad Espiritual de Madhuban. Era para mi un poco como la tierra prometida. Pagué por una cabina exclusiva, lo cual no era fácil según me dijo el hermano kumar. Tome el tren que paso por varios poblados y ciudades, entre ellas, Ajmer y Jaipur. Las primeras horas viaje solo en la cabina "exclusiva" pero poco a poco fueron llegando mas pasajeros con quienes compartí la cabina que se suponía era "exclusiva". Resultó muy interesante porque pude conversar y observar a mis acompañantes pasajeros. Le pregunté a un hombre indio si el comía carne y fumaba. Contesto que sí. Tambien me dijo que mucha gente en India come carne y fuma aunque menos que en el occidente. Tampoco practicaba Yoga y me enteré que la mayoría de los indios (habitantes de la India) no practican Yoga. Le comenté que yo venia de Mexico, un pais que esta a miles de kilómetros de distancia para tomar un curso intensivo de Raja Yoga. Le expliqué que es el Yoga, los grandes beneficios que se pueden obtener en salud, equilibrio mental y emocional, autodominio y sobre todo para la expansión de la conciencia hasta el infinito, o sea que el espiritu individual se puede "fundir", reintegrar con el Demiurgo Eterno, el Espiritu Universal o Dios o la Conciencia Cosmica.

Le comentaba que tenía la impresión de que la India estaba perdiendo un poco o un mucho una tradición religiosa o un sistema cientifico-filosofico llamado Yoga, lo cual era una lástima y que en Occidente hay un creciente interés por la riqueza espiritual de Oriente, especialmente el Yoga.

Hace milenios que las Enseñanzas Iniciativas, el Drama, paso del Occidente al Oriente por razones ciclicas y cataclismos y ahora nuevamente pasa del Oriente al Occidente.

Pensé tambien que la mayoría de los mexicanos ignoran mucho de las grandes culturas Maya y Azteca. De todas maneras, en la India la gente es mas espiritual que en occidente por las tradiciones religiosas y sobre todo los grandes maestros y gurus que a producido este gran país a lo largo de los siglos, como Rama, Krishna, Buda, por no citar mas que los mas conocidos. Jesucristo mismo se sabe que estuvo un tiempo en la India, recibiendo una Iniciación. El cristianismo es en realidad una religión oriental. Tomo prestado la idea de los conventos, los monjes, los rosarios, el incienso de los budistas. Del Parsismo tomo la idea de los angeles, el diablo, el paraíso.

Llegamos a Mount Abu en la mañana (5 o 6 AM). Unos hermanos yoghis me esperaban y a bordo de un jeep subimos la montaña donde se encuentra Mount Abu, un hermoso lago y la Universidad Espiritual de Madhuban (Pandav Bahavan).

Eramos aproximadamente 600 estudiantes-practicantes de Raja Yoga provenientes de muchos paises: Brasil, Mexico, Alemania, Colombia, Venezuela, Nueva Zelandia, Australia, EUA, Inglaterra, España....etc. El ambiente era maravilloso, pude sentir la Paz y la pureza como nunca antes. Las actividades empezaban después del aseo personal, a las 4 A.M. la Meditación dirigida por las hermanas Kumaris, discipulas directas del fundador Prayapita Brama. Después de la meditación profunda seguia un mensaje transmitido a traves de una hermana yoghi (Dadi Yanki, Kumarka) quien estaba en comunion directa con Paramdam (La dimension espiritual). Continuaba otra meditación breve parados frente a la torre de la paz. Después el desayuno vegetariano y luego nos lavabamos la boca y los dientes y con el dedo frotábamos nuestras encías con ceniza, lo cual es más saludable que el uso del cepillo dental y las pastas químicas para dientes.

El silencio se practicaba (y seguramente se sigue practicando) en todo momento, hablabamos poco, solo lo necesario. Comíamos en silencio y reverencia. Continuaban las clases de Raja Yoga, la comida frugal del mediodía, mas clases en la tarde, seguidas de otra meditación despues del atardecer. Y después una cena moderada o ayuno voluntario.

Todos los días caminabamos a un lado del lago hasta llegar al borde de la montaña donde sentados o parados en las peñas, contemplabamos el hermoso paisaje y majestuoso atardecer en el valle inmenso frente a la montaña. Cada uno escogia su peña y libremente pasabamos momentos de meditación y contemplación maravillosos e inolvidables. Luego regresabamos al Ashram, donde practicabamos una meditación formal en el Gran Salón.

Después de una semana enmpece a sentir la presencia de angeles y mi mente se elevaba a dimensiones insospechadas. Sin duda, la influencia de los maestros y maestras (yoguis) y estudiantes presentes hacian de Ishwariya Vishwa-Vidyalaya Pandav Bhavan, Mount Abu, un lugar especial, donde aprendí a meditar amorosamente en Dios, el Ser Supremo. Todos nos vestiamos de blanco, simbolizando la pureza a la que aspirabamos. Practicabamos el vegetarianismo y la bramacharia voluntarios. La organización de las actividades en el Ashram era de lo mejor.

Viviamos en contacto directo con la naturaleza. Una serie de experiencias sublimes y detalles que solo en un ashram y con moradores que sinceramente buscan la verdad, la paz ó a Dios y yoguis dedicados totalmente al perfeccionamiento y sendero espiritual, se podría tener tales experiencias.

Es muy difícil, para el adepto en el sendero, de experimentar esos estados de conciencia en la vida agitada y ruidosa de las ciudades. Seguramente que los espiritus avanzados pueden experimentar el samadhi en cualquier lugar.

Asi transcurrieron cuatro maravillosas semanas.

Vease a continuación algunas fotos del viaje y mi estancia en la India.

Arriba, con el hermano de Prayapita Brama
Abajo, en el patio de la Universidad Espiritual, con
los hermanos y hermanas de varios paises.

El Raja Yoga nos enseña a recordar nuestra verdadera naturaleza inmortal, el espíritu, la chispa divina emanada del Ser Supremo. No somos el cuerpo, este es solo el vehiculo temporal, mortal que dejamos para luego tomar un cuerpecito nuevo y continuar nuestra evolución, encarnación tras encarnación hasta lograr eliminar todo deseo terrenal y reintegrarnos en el Absoluto. Nos enseña a recordar y manifestar las cualidades o virtudes naturales de nuestro verdadero yo, el espíritu, tales como la paz (prashanti), la pureza, el conocimiento (jnana), el amor (prema), la dicha o felicidad suprema.....etc. hasta llevarnos a la auto-realización, la Liberación final del ciclo de reencarnaciones que tantos sufrimientos conlleva.

Recomiendo que se consulten libros sobre Yoga, entre ellos: The way and the goal of Raja Yoga, por Raja Yogi B.K. Jaghish Chander, basado en Revelaciones de Dios Shiva a traves de Prayapita Brahma. La página de Internet puede facilitarnos información.

Con dos hermanos   Meditando frente a la
b.k. Mount Abu   Torre de la Paz.

Los siete chakras principales son centros de energía a lo largo de la columna vertebral y el cerebro. El propósito de despertar, activar plenamente estos chackras es alcanzar la Iluminación, la Liberación, la Re-Integración conciente a la Fuente Suprema, al Origen, al Todo-Nada.

En ese proceso suceden infinidad de cosas, de fenómenos, de experiencias que simplificando una explicación es pasar del instinto animal que sería la Inconsciencia para pasar al razonamiento el cual pertenece a la Consciencia para llegar finalmente a la Intuición Espiritual, a la Revelación que es cualidad de la Supra-Consciencia o Consciencia Cósmica.

El instinto es la parte animal, las reacciones automáticas, sin pensar, sin analizar; es el Inconciente.

El pensamiento racional, el análisis, es la mente finita que funciona en el campo relativo. Siempre es: "en relación a........ un objeto, a una idea, a algo. " ; Es la mente bi-polar: bueno-malo, activo-pasivo, electrón-protón, hombre-mujer.....etc. Es el Consciente.

La Intuición, la Revelación, es la SupraConsciencia que funciona en el campo absoluto. Mas allá de la razón, del intelecto así sea el mas elevado. Es el estado de consciencia mas elevado, sin pensamientos, ni espacio, ni tiempo ni formas ni nombres. Es el campo de la Consciencia Pura. Está más allá de las emociones y las ideas. Es la unión de Jivatma con Paramatma. La mente finita se "funde" con la mente infinita. "Mi Padre y yo somos Uno". Este estado se logra con la EXPERIENCIA del Samadhi.

Gradualmente vamos experimentando destellos del éxtasis sublime, poco a poco se hacen más frecuentes y mas intensos y mas prolongados, a lo largo de los años con una gran disciplina física, mental y espiritual.

Una vez probado el néctar divino, nace un deseo intenso de continuar practicando las disciplinas, el pranayama, la meditación,......etc y se realiza que nada en este mundo puede darnos tanta dicha y paz inefables. Que es lo más importante y el verdadero propósito en esta vida. Entonces se siente un intenso deseo de compartir, de ayudar, de enseñar a los demás a que logren su propia autorrealización.

Por poco que se practiquen las disciplinas, la meditación, siempre habrá un beneficio proporcional al esfuerzo de cada uno y dependiendo del karma de cada quien.

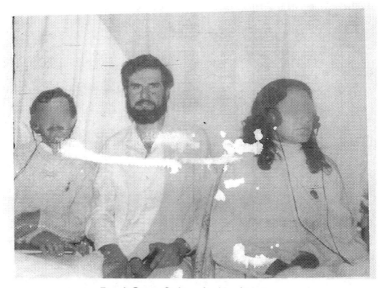

En el Gran Salon de Meditacion

En el Ashram en Nueva Delhi
con Brahma kumari Didi y
dos b.k. de Nueva Zelandia.

Meditando en el Gran Salon
en Pandav Bhavan, Mount Abu

Aunque en mi estancia en Pandav Bhavan, Mount Abu practicamos Raja Yoya, es bueno saber que el YOGA es un sistema científico-filosófico que consiste en varias formas ó técnicas ó variantes que funcionan mejor para los diferentes temperamentos. La Bakti Yoga es la forma devocional, del amor universal, devoción y atención al Guru, oraciones, ofrendas de amor, ceremonial.......etc.

El Jnana Yoga es la Yoga del Conocimiento Trascendente, el Saber, la Sabiduria, el conocimiento que es experiencia, no solo intelectualizado.

La Hatha Yoga, es la Yoga física, enérgica, concreta, es decir, que el cuerpo trabaja mas en las asanas o posturas, con las debidas concentraciones en los centros neuro-fluídicos, plexos nerviosos, y su contra parte astral, los chakras.

Raja Yoga llamada la yoga regia, real. Es mas metafisica que física.

Existen muchas mas formas de Yoga, como Kundalini Yoga, Shakti Yoga, Samadhi Yoga, Laya Yoga..........etc. El Bagavad Gita menciona 18 formas de Yoya. Sri Krishna instruye a su discípulo Arjuna sobre ellas, antes de iniciar la batalla de Kurukchetra.

Existen ocho elementos basicos que debe observar el ser humano que desee practicar la Yoga y convertirse realmente en un ser humano.

1. YAMA. Son las abstinencias: no matar (ni en pensamiento), no robar, evitar la lujuria.......... etc. Todas las religiones serias enseñan estas reglas.

2. NIYAMA. Las reglas de vida. La purificación interna y externa. La pureza, la austeridad, el esmero hacia la perfección, una nutrición sana (vegetarianismo), abstinencia sexual temporal o definitiva.

3. ASANAS. Son posiciones del cuerpo. Acompañadas de ritmos respiratorios específicos, concentraciones, movimientos, ademanes (mudras). Existen 84 posiciones tradicionales y muchas variantes.

4. PRANAYAMA. Es el control de la respiración. Existen 4 movimientos: INALACION, RETENSION, EXALACION, SUSPENSION

Los ejercicios de pranayama son muy poderosos y útiles, por eso deben ser practicados con conocimiento y bajo la guía de un Maestro. De lo contrario pueden causar serios desarreglos en el organismo.

5. PRATIAHARA: Control de los sentidos y de las emociones.
6. DARANA: Meditación
7. DIANA: Concentración
8. SAMADHI: La gran experiencia final. Es la EXPERIENCIA SUPREMA de la Conciencia Cósmica Universal, la Fusión con DIOS. No es posible describir ni comprender esta Experiencia que vá más allá de la mente racional.

Algunos Maestros situan a la Concentración antes que la Meditación.

Así como aceleramos el crecimiento de las plantas y de los animales, perfeccionamos las semillas y los frutos, mejoramos las especies animales como caballos, perros, etc., así también deberíamos esforzarnos por formar mejores seres humanos, acelerar su perfeccionamiento, podemos acelerar su evolución.

Pero que quiere decir evolución? Podríamos tel vez decir que se manifiesta por el incremento gradual de la voluntad, el desarrollo de las virtudes del alma (paz, pureza, verdad, sabiduría, gozo, amor, compasión, fé, intuición espiritual...etc.), maestría de los sentidos y de la mente (autocontrol), mayor capacidad productiva y creativa o simplemente un estado de contentamiento y gozo siempre nuevo y creciente. Y sobretodo una expansión de la conciencia al punto de llegar a ser la Conciencia Universal, la Conciencia Cósmica, la fusión con la Conciencia Absoluta de Dios, la Reintegración en el Absoluto Todo-Nada, la Liberación del ciclo de encarnaciones o del karma, el YUG que es justamente el propósito de la Yoga.

De hecho, no tenemos que ir a ningún lado, ya llegamos, siempre hemos sido y somos en el Ser, el Ser Supremo. Para ir de una ciudad a otra necesitamos usar un transporte ya sea una bicicleta o una motocicleta o un automóvil ó un avión pero para llegar al Ser, no necesitamos ningún transporte, somos el Ser, nunca hemos estado fuera del Ser, no hay distancia. Lo que sucede es que no estamos conscientes de ello. Hay que despertar. Cuendo le preguntaron a Gautama el Buda: ¿tu quien eres?. El contestó: Soy uno que ya despertó.

Dicho de otra manera, en el origen, el ser humano vivía en la conciencia espiritual, la consciencia pura y gradualmente o quizás de pronto comenzó a dejarse himnotizar por los sentidos físicos y la mente racional; fué perdiendo la pureza, la consciencia se fué "opacando", el discernimiento, la comprensión se fué obnubilando y distorsionando. Esa fué su caída, el ser humano bajó de categoría, de ser hijo de Dios para ser hijo de la "carne", de los sentidos físicos, de la mente dual, fue su exilio del paraíso. Son los ciclos de la existencia según la tradición hindú: edad de oro, edad de plata, edad de cobre, edad de hierro de la cual estamos saliendo y nos encontramos en la era de transición preparándonos para una nueva edad de oro, la era del Acuarius, de Luz, de Paz, de Alegría, de Sabiduría, de trabajo en equipo, de universalización de las ideas, de concretización de las ideas, de cooperación entre la Ciencia y la Religión, Oriente y Occidente, uso de la razón y la intuición para avanzar una espira más en la espiral ascendente hacia la Fuente, hacia el Origen, hacia Dios, hacia el Ser. Y acaso no sucede lo mismo con el individuo que en la adolescencia y aún después se "descarría", se siente que lo sabe todo ó que las leyes no se aplican a él ó ella ó que "a mí no me sucederá", o que aún soy muy joven para una vida espiritual, que las leyes son para violarlas ó que el fruto prohibido es el más deseado ó que el cielo puede esperar, que todo esto es pura imaginación y fantasía para engañarnos ó que las religiones son el opio de los pueblos.... etc. ¿Cuántos ejemplos tenemos de hombres y mujeres que después de conocer y probar todo lo mundano, se convierten en personas totalmente diferentes como Platón, San Francisco de Asís, Valmiki, para citar solo algunos? Y acaso no sucede un poco el mismo proceso en diferentes grados y circunstancias en muchos de nosotros.?

Existe también la teoría de la evolución de Darwin, que explica la evolución de las especies hasta llegar al humano actual. No se trata aquí de demostrar cual teoría es la verdadera sino más bien de compartir alguna información e ideas para que cada una haga sus investigaciones.

Desde hace milenios, nadie sabe desde cuando, los antiguos sabios, rishis, yoguis, descubrieron, estudiaron y aplicaron las leyes que rigen el crecimiento del ser humano en todos sus aspectos: físico, mental y espiritual.

Enseñar a las personas a ganar dinero, triunfar en su profesión o actividad, vivir una vida cómoda o ganar poder, posición social y gozar de los sentidos físicos es secundario y una fuente inagotable de desilusiones y amarguras cuando no se tiene un cierto desarrollo espiritual, un nivel de consciencia elevado. Tarde o temprano estos satisfactores temporales son insuficientes y terminan. A veces se les llama placeres fáciles. Además crean apegos, limitaciones, posesividad, miedos, frenan y retardan nuestra verdadera evolución y felicidad permanente. Son efímeros, no valen la pena. De alguna manera, con tantas distracciones, vamos perdiendo fuerza y vigor físicos y mentales. Nuestras facultades mentales se van atrofiando y la capacidad de razonar armoniosamente, lucidamente, se va perdiendo. Sin hablar de las drogas, el tabaco, la carne de animales, las bebidas alcohólicas y la vida promiscua a que estamos expuestos.

Tenemos que deshacernos de todo eso y en lugar de ser como un madero flotando en el mar a la deriva, ser barcos o al menos lanchas con una vela y un timón bien orientados (información y sabiduría) y un motor potente(fuerza de voluntad) que nos lleve al otro lado del mar, a las playas de la Libertad, la Paz y el Gozo Supremos interiores donde nada puede afectarnos, en el Silencio interior de nuestra mente, de nuestro corazón, de nuestra conciencia. Llegar, REALIZAR ESTADOS DE CONCIENCIA CADA VEZ MAS ELEVADOS, CONQUISTAR GRADOS DE LIBERTAD Y GOZO CADA VEZ MAYORES.

Entonces hay que disciplinarse y domar los bajos instintos, desarrollar mejores hábitos, desapegarnos de todo lo que obstaculize nuestra realización (falsas amistades, ambientes negativos, personas sin ideales, rencillosas, envidiosas, negativas, malevolas), prejuicios, paradigmas obsoletos, ideas limitadas como nacionalidad, edad, sexo, raza, religión, estatus social...) buscar la compañía de personas positivas, sabias, amables, serenas, felices, que nos ispiren a ser mejores con su ejemplo, transmutar las energías (alquimia mental) de baja frecuencia vibratoria en alta frecuencia vibratoria.

Los Grandes Maestros de la humanidad nos han dado el ejemplo a seguir, hay muchas personas santas, artistas, hombres de ciencia, sabios y personas incógnitas en la masa que han logrado liberarse del plano físico y que calladamente hacen su labor para instruir y orientar a los que ya están listos para dar el siguiente paso, pasar al siguiente nivel. No hay límites y eso es lo maravilloso del Espiritu.

Con la hermana b.k.   Con b.kumaris (Mount
Maritza de Mexico   Abu, India)

El Bagavad Gita nos informa que la mente es más poderosa que los sentidos y más poderosa que la mente, es la respiración.

Citaré una anécdota que puede ilustrar lo valiosa que puede ser la respiracion para controlar la mente.

Había un buscador sincero de la verdad y visitó diferentes maestros, escuelas, lugares sagrados y de peregrinaje. En cada uno encontro parte de la verdad: la verdad es pureza, la verdad es amor, la verdad es conocimiento...etc. pero no saciaban su sed. Un buen día el buscador se encontró con un maestro que le inspiró mucha confianza.

Algo en su interior le decía que el podría ayudarlo, así que decidió acercarse respetuosamente y humildemente al maestro, diciendole estas palabras:

Maestro, mi intuición me dice que tu puedes ayudarme a encontrar a Dios. Te ruego que me ayudes, pues hasta ahora aun no lo encuentro. El maestro respondió: No, yo no puedo ayudarte, lo siento.

Buscador: Haré lo que me pidas, sin dudar ni preguntar.

Maestro: Estas seguro, lo prometes?

Buscador: Si maestro, lo prometo.

Maestro: Esta bien. Trae un recipiente grande (una bandeja) con agua.

Discipulo: Aquí esta maestro.

Maestro: Ahora mete tu cabeza toda en el agua.

Discipulo: Aunque sorprendido, se quedó callado y metió su cabeza en la bandeja llena de agua.

El Maestro sujetó los cabellos del discípulo y le mantuvo la cabeza sumergida en el agua hasta que el desesperado discípulo casi se ahoga por falta de aire, lo soltó.

Discípulo: AHHH, AHHH, AHHH, tomo bocanadas de aire y sin comprender, le pregunta al maestro.

¿Porqué lo hizo, casi me mata?

Maestro: ¿Cuando estabas con la cabeza en el agua, ¿en que pensabas?

Discípulo: Solo en ¡AIRE !

Maestro: Bien, cuando solo pienses en Dios con esa intensidad y deseo, muy pronto lo encontrarás. Eso es todo lo que puedo enseñarte.

Repitiendo:

5) PRATYAHARA. Es el control de las percepciones sensoriales organicas.

6) DHARANA. Es la meditación. Es fijar la atención en un objeto físico o metafisico. Existen muchas técnicas. Cada uno debe practicar varias técnicas o hacer una combinación y ver cual le funciona mejor.

7) DHYANA. Es la concentración. Cuando en la meditación, ya no existe separación entre meditador, la meditación y el objeto de meditación. Hay una fusión, una identificación, no con el objeto, sino con su esencia vibratoria y por medio de ella, como punto de apoyo, reintegrarse a la vibración universal. Aquí se llega al umbral para entrar en Samadhi.

8) SAMADHI. Es la Unión, la Fusión, La Identificación. La gota regresa al océano. Es la unión de Jivatma con Paramatma, el espíritu individual se reintegra al espíritu universal. La máxima experiencia verdadera que nos lleva terminar el ciclo de reencarnaciones y a la Liberación.

Estas últimas angas o disciplinas se les conoce como: SAMYAMA.

Insisto en que este no es un tratado de Yoga, solamente menciono algunas de las bases que me han servido en mi búsqueda de la verdad, en la auto-realización. Es mas como un memorandum para invitar a la investigación, la documentación y la práctica sin la cual el conocimiento teórico no tiene valor.

Evidentemente, es obvio que es muy difícil meditar hasta llegar a elevados y superiores niveles de consciencia si no se observan las reglas preliminares como Yama y Niyama. Dicho de otra manera, los resultados en la Yoga y en cualquiera de sus elementos, depende directa y proporcionalmente a la medida en que observemos las abstinencias, las reglas de vida.

De todas maneras, no hay esfuerzo inútil, nada se pierde, nada es en vano, por poco que observemos alguna o algunas o todas las reglas, y practicamos y practicamos y seguimos practicando, vamos logrando RESULTADOS, en alguna medida, poco a poco, con gran paciencia y perseverancia. Esto no es una comida rápida, es un proceso evolutivo que requiere de muchos años de SABER Y PRACTICA. Es lo mas eficaz y "rápido" que hay para el desarrollo espiritual e intelectual.

Para que perder el tiempo con tantos análisis detallados y tediosos que a veces solo sirven para confundir o perderse en un mar de ideas. Como dice un dicho: demasiado análisis causa paralisis". Hay que entrar en acción, practicar las técnicas.

En poco tiempo podemos sentirnos mas relajados, eliminar tensiones, preocupaciones, mejorar la salud, una actitud mas positiva, mayor eficiencia en nuestros trabajos, desarrollo gradual de habilidades y virtudes. Una nueva disciplina por pequeñaque sea, mejora todo lo demas.

Fumar, tomar bebidas alcholicas, excesos en la comida, en el sexo, las diversiones, debilitan la voluntad, diluyen y agitan la mente y nublan el buen entendimiento. Es muy dificil evolucionar y ser felices si no nos liberamos de estos excesos. Mas bien es causar una decadencia prematura, un vida de desilusiones, amargura, enfermedad y frustración. Porque no mejor hacer de nuestra vida un obra valiosa y feliz tanto para nosotros como para los demás?

Si yo pude, cualquiera puede. Aún estoy en ese proceso de cambio, me falta mucho por hacer y perfeccionar, seguimos perseverando para también dar un ejemplo.

Soy muy perseverante con los ejercicios (sadhana) que me han ayudado a transformarme.

Una vez que pruebe el néctar divino, el néctar cósmico sublime, ya no será el mismo, la misma, podrá distraerse ó desviarse un rato, pero siempre volverá al Sendero (el Tao dirían los chinos).

Un momento de meditacion libre en el patio.

Continuando con mi viaje en India, después de las cuatro semanas intensivas de Raja Yoga, visité varios centros Bramha Kumaris en la provincia de Rajastán. Me sentí en casa, con mi familia, y desde entonces experimento ese sentimiento en cualquier parte del mundo donde me encuentre. El planeta tierra es mi casa en esta encarnación, todos los seres humanos son mis hermanos y hermanas, somos una gran familia, una. Ya no me identificaba con ninguna nacionalidad, ni raza, ni sexo, ni edad, ni estatus social o politica. No soy mexicano, ni americano, ni asiatico, ni europeo, ni africano...soy un ciudadano del universo. Soy un espíritu encarnado, emanado de Dios, inmortal, indestructible, eterno, y mis verdaderas cualidades son: la paz, la pureza, el amor, la sabiduría, el gozo, la fé, la energía, el contento, la compasión......etc. y Ud. también lo es,

Todos somos ESO. (TAT TVAM ASI). Ese Absoluto tú lo eres.

Esta es una vivencia, una experiencia que cualquiera que se esfuerse puede vivirla.

El autor en Delwara Temple   Con dos guardianes
                                                De un templo.

Columnas de marmol blanco,
bellamente esculpidas con deidades danzantes.

Visité luego algunos palacios como el Tal Majal, y otros cerca de Delhi. Visité el templo de Delwara y otros templos. (vease fotos).

Al llegar al Taj Mahal, se acercó un hombre indio, bien vestido y me propuso ser mi guía para mostrarme el palacio. Amablemente le dije que no, gracias. El me contestó con una pregunta:¿seguramente que conoce todo acerca del Tal Mahal?

Me sentí apenado y ecepté sus servicios. En verdad me hubiera perdido de una magnífica explicación sobre la historia de esta bellísima construcción arquitectónica.

Quisiera mencionar que la Yoga no pertenece a la India o ningún otro país o pueblo. Es patrimonio de la humanidad como todo el Saber humano. Hay vestigios de la prctica de Yoga en varias partes del mundo. En México, en la cultura Maya, podemos ver que el Chak Mol, en Yucatán, es una postura yoghi, que corresponde al cuarto chakra, el del corazón, anahata, y es justamenta la piedra donde se haciían los sacrificios para ofrecer el corazón (dicen algunos arqueólogos que la doncella o doncello se ofrecía voluntariamente) a los dioses. Es posible que la cultura maya estaba en su cúspide hace docemil, quincemil o más años, antes del hundimiento de la Atlántida y que los pueblos encontrados por los españoles eran descendientes degenerados. También en la Venta, Veracruz, en la cultura Olmeca, podemos apreciar a un hombre en postura de sidhasana. Todo es posible nada es imposible.

Personalmente he practicado por mas de 40 años, la Hatha Yoga, e ido incorporando en cierta medida, la práctica de Raja Yoga, Kriya Yoga, Bakti Yoga, Gnana Yoga y el Mantra Yoga Meditación. Tube el privilegio de ser iniciado personalmente por el Swami Gurú Devanand Saraswati Ji Maharaj en la Mantra Yoga Meditación quien me dió un mantram personal y acompañarlo en un viaje a Acapulco, visitando un convento de monjas católicas, quienes le recibieron con respeto, devoción y alegría ya que el Guru Devanand les enseñó a meditar con la técnica del Mantra Yoga. También estuve en retiros espirituales con el Maestro, en su Ashram cerca de Pátzcuaro, Michoacán, Mexico.

Ahora practico solamente la Hatha Yoga, el Pranayama, la Kriya y Mantra Yoga Meditación, tal como me enseñó mi Maestro, Swami Guru Devanand.

MEDITANDO EN EL GANGES (RICHIKESH, INDIA) 2010.

Con frecuencia, queremos que los resultados sean rápidos y fáciles. Estudiar medicina o ingeniería o cualquier otra carrera universitaria y obtener un diploma o título, requiere de 16 a 20 años de estudio y práctica (desde la primaria) y luego hay que trabajar toda la vida. Entonces es lógico que una Ciencia-Filosofia-Arte como el Yoga requiera una disciplina estricta y muchos años de esfuerzo.

Naturalmente hay algunas excepciones que debido a méritos hechos en su pasado, incluyendo vidas pasadas, pueden avanzar muy rápido en el sendero de la evolución o si se prefiere, en el sendero iniciático.

Se dice que hay 4 clases de discípulos en este Sendero:

1. Los tímidos, apegados a la familia, los hijos, la esposa, el trabajo...
.... etc. En 12 o 15 años pueden, con la ayuda de un Maestro calificado, realizar la gran experiencia, el Samadhi, la Liberación.

2. Los moderados, que buscan la virtud, medidos en todas sus cosas, ciudadanos ejemplares, en 10 años, siempre con la guía de un Gurú, pueden lograr la gran Auto-Realización el Samadhi.

3. Los heroes, decididos a todo esfuerzo, tienen Fé completa en las Escrituras y siguen las instrucciones del Maestro, enfocados en la gran meta, sin distraerse, estos en 6 años logran el Samadhi, la emancipación total.

4. Los superheroes o superardientes, los que ya no anhelan nada de este mundo y estan totalmente decididos a realizar a DIOS, el Samadhi, la Conciencia Cósmica Eternal, con las orientaciones del Maestro, en tres años, logran su Meta Final.

El Samadhi es una experiencia a tal grado sublime, que no se puede describir. Una vez experimentado aunque sea una sola vez, jamás uno vuelve a ser el mismo. Esto no quiere decir que una vez experimentado la Gran Experiencia del Samadhi, la persona, el yogui, se vuelve un santo, o se hace perfecto y puro totalmente. Tal vez podría decirse que el impuso kármico del yogui se detiene o disminuye rapidamente su acción o impulso hasta terminar, consumirse. Generalmente a partir del samadhi, ya no se crea más karma, pero casi siempre queda un karma (creado en el pasado de esta vida y de vidas anteriores) que finiquitar, pagar, consumir, "quemar". Definitivamente la conducta cambia para siempre, con frecuencia se desarrollan nuevas facultades o virtudes, surge la compasión universal, el deseo de servir más y mejor a los demás, a la humanidad, un gozo nuevo, sutil y permanente.

DESPUES DE UNA INMERSION DE 25 MIN. EN EL GANGES,
EN RISHIKESH, INDIA. (ABRIL 2010)

Como siempre todo sucede de acuerdo a las leyes
universales de causa y efecto, (Estudiar el Kibalion). Puede haber
excepciones raras (debido a un trabajo y esfuerzos y méritos
acumulados en vidas pasadas) en que después del Samadhi,
el karma termina definitivamente y se entra en un estado de
conciencia pura y liberación permanente aún estando en el
cuerpo físico, el Sivikalpa samadhi y cuando el espíritu ya no
regresa al cuerpo fisico, es llamado, Nirvikalpa Samadhi.

Muchos los llamados, pocos los escogidos (los que están
dispuestos a todo y califican).

Podríamos quizás hablar de grados de samadhi. La gran
mayoría de las veces, después de un samadhi, se requiere seguir
con los ejercicios (disciplinas, sadhana) espirituales, servicio para
seguir avanzando a alturas o perfección cada vez mayores. No
hay principio ni fin.

Es maravilloso aventurarse en el desarrollo y expansión de
la conciencia, a eso venimos, a re-integrarnos una vez más al
Origen, a nuestro Creador, al Demiurgo Eternal, a fundirnos en la
Vibración Una, regresar a casa, nuestro verdadero hogar, Dios.

Repito e insisto en que cualquier esfuerzo por pequeño que sea, no se pierde, siempre hay un beneficio de relajación, paz, contento, tolerancia, mas eficacia en el trabajo cotidiano, mejor concentración, control de los pensamientos y emociones, mejor actitud, "algo" de bueno esta sucediendo hasta que se hace evidente. Por eso debemos perseverar incesantemente en nuestros esfuerzos, con gran paciencia, fé y determinación total. Nada puede darnos tantos beneficios, felicidad y verdadero éxito como las disciplinas espirituales.

Hay tres cuerpos: el fisico, el astral o alma y el causal. El astral está hecho fundamentalmente de sentimientos y emociones. El Causal esta hecho principalmente de altos ideales. El cuerpo físico puede afectar al Astral y Causal en el sentido que un cuerpo enfermo o débil dificulta la concentración y un estado de serenidad y gozo. El Astral puede afectar al Físico y al Causal, ya que emociones y sentimientos negativos (odio, miedo, envidia, celos.... etc.) pueden enfermar al físico y obstaculizar el cultivo de altos ideales. Las emociones y sentimientos positivos (alegría, amor, altruismo, entusiasmo, contento, serenidad.....) fortalecen la salud.

Los altos ideales como altruismo, compasión, servicio desinteresado, cooperación, tolerancia, sabiduria, rectitud..... etc. fortalecen el cuerpo fisico y el astral.

Debemos cuidar y perfeccionar los tres cuerpos paralelamente para conservar el equilibrio y poder continuar nuestra evolución y trabajo diario. Debemos darle más importancia al cuerpo causal, o sea la parte espiritual, los altos ideales y su práctica, sin descuidar los otros dos cuerpos, así será más fácil fortalecerlos y cuando dejemos los tres cuerpos (la muerte física), los componentes regresan a sus respectivos planos y el verdadero yo, el espíritu, solo conserva el grado de conciencia que logramos en cada encarnación. Asi continúa la evolución, hasta la reintegración total en el Absoluto, (Ain Soph), después de trascender todos los deseos.

Un gran ciclo se ha cumplido para después iniciar otro gran ciclo (involución-evolución).

En Harithwar, India, en el Kumba Mela (marzo 2010).

Menciono algunos aspectos importantes que pueden quizás motiven al lector a una investigación y documentación más profunda. Al final encontrará una bibliografía para consultar obras sobre Yoga. Por lo pronto mencionare la obra excelente del Dr. Serge Raynaud de la Ferriere: YUG, YOGA, YOHISMO una Matesis de Psicología. Este libro me sirvió y sirve enormemente por su información bien organizada y siendo el autor un ejemplo viviente de lo que escribe.

El Yoga se puede clasificar como todo, en dos polaridades:

1. HATHA YOGA: El Yoga activo, positivo, dinámico y base para la JNANA, LAYA, KARMA Yogas ....etc y ....
2. MANTRA YOGA: Es la Yoga pasiva, negativa, reposada y la base para la Bakti, RAYA Yoga......etc.

De hecho, cada las diferentes formas de Yoga se adaptan a los diferentes temperamentos, así que cada quien debe encontrar el tipo de Yoga que mejor convenga a su carácter. No hay una forma de Yoga que sea superior a otra y se pueden practicar varias formas o una sola. Es obvio que la edad y el estado de salud influyen para seleccionar el método que mas convenga, Mas todo mundo puede practicar alguna forma de Yoga y siempre hay un beneficio.

Los textos clásicos de Yoga y los Maestros dan una gran importancia al GURU calificado, al Guia experimentado que ya ha REALIZADO a DIOS, sin el cual es imposible lograr una verdadera Realización. Su guia, la gracia del Gurú, sus instrucciones son indispensables para avanzar en el sendero espiritual, para lograr elevados estados de conciencia y para la experiencia suprema, el samadhi. Es muy fácil desviarse, equivocarse y cometer muchos errores y por lo tanto acarrearse mucho sufrimiento y frustración.

El Gurú (dicipador de las tinieblas) SABE porque ya recorrió el camino. Por eso la importancia de servir al Maestro, obedecerlo, respetarlo, tener FE en el como representante de la Divinidad misma. ser humilde y sincero, así como trabajar en su obra. Nunca criticarlo aun cuando no comprendamos a veces su actitud y su enseñanza.

El Shiva Samhita capitulo III, versiculos del 10 al 19, describe las relaciones del Guru y el Chella (discípulo).

"El que tiene FE, el que es comprometido y cuyos sentidos están bajo control, adquiere el Conocimiento y habiendolo obtenido, el rápidamente Logra la Paz Suprema" Bhagavad Gita

"El verdadero significado de la Yoga es la liberación de la pena y el dolor"
Hatha Yoga Pradipika.

"El trabajo en tí mismo, es tu privilegio, nunca los frutos que resulten" Hatha Yoga Pradipika"

"Uno debería practicar las asanas, las cuales dan fuerza al yoghi, lo conservan en buena salud y hace a sus miembros flexibles.

Hatha Yoga Pradipika

La gimnasia psico-física es muy recomendable para preparar el cuerpo físico para las asanas (posturas).

Aunque hay una gran variedad de posturas, la Tradición dice que hay 84 asanas principales. Para simplificar, de ellas escogeremos 12 asanas en dos series de seis.

Para la Meditación: Sidddhasana, la postura perfecta, es como un triangulo y **Padmasana.**

Primera serie de seis:
Artha-Baddha-Padmasana para iluminar el primer chakra:

Muladhara. Desarrolla el plexo sagrado y corresponde con la glandula suprarrenal izquierda.

Utthita-Padmasana: Para iluminar el segundo chakra: **Svadhisthana** que corresponde al plexo hipogástrico y a la glándula suprarrenal derecha.

Chiriya-Asana para iluminar el tercer chakra **Manipura** que corresponde arriba del plexo solar.

Tolangulasana para iluminar el cuarto chakra: **Anahata** que corresponde al plexo cardíaco y al timo.

Padma-Sarvangasana para iluminar el quinto chakra: **Vichudha** que corresponde al plexo tiroideo y a la tiroides.

Baddhayoniasana para iliminar el sexto chakra: **Agna** que corresponde al plexo cavernoso y a la glándula pituitaria.

EUROPA

Me viaje continuó alrededor del mundo, de la India volé a Europa, llegando primeramente a Frankfurt Alemania. Gracias a ser un masón, me contacte con mis H:. M:. en diferentes países de este continente y tuve el privilegio de asistir a diversas logias y participar presentando algún estudio o mis experiencias en la India., principalmente en Alemania, Suiza, Inglaterra y Francia. Pude vivir de la Astrología, pues hacia horóscopos a mis H:.M:. y contactos y referencias que iba teniendo. El costo era de $400 francos franceses o $100 dolares americanos de la época. Las estudios los hacia primero a manuscrito y luego los grababa con mi voz en un audio cassette. Bastante trabajo y horas por cada horóscopo. No conocía el recurso de las computadoras.

"Los hombres no son gobernados por las instituciones, sino mas bien por su carácter" Gustavo el Bueno

Es el carácter que debemos formar primero o paralelamente a el conocimiento de cualquier otra ciencia, arte o técnica. Es más importante ser recto, humilde, pacífico, alegre, entusiasta y bondadoso que ser un erudito ó un exitoso en lo que sea. No obstante, se puede ser erudito y sabio. Podría faltar la erudición (tener muchos conocimientos variados) pero sería una tragedia no buscar ante todo la Sabiduría. La Astrología nos ayuda a detectar nuestros complejos, como superarlos y encontrar la Sabiduría.

Una vez que cada uno la encuentre, entoces podrá transformar la sociedad en que vive, con el ejemplo. No se puede reformar la sociedad sin antes reformar al individuo (auto-forma-ción), mejor aun trans-formación (mas allá de las formas), trascender las formas. Primero me transformo yo y luego ayudo a otros en su transformación, porque me nace hacerlo, por compasión o por supervivencia. Ram-Das dijo: "nadie recorriendo su propio camino, a encontrado a Dios". En efecto, necesitamos un guía, un maestro, una educación, una escuela. Todos los grandes hombres y Maestros tuvieron su gurú, su guia y con frecuencia varios en diferentes etapas de su vida. Jesucristo tuvo como maestro a Juan el bautista, Paramahansa Yogananda tuvo su Maestro Sri Yukteswar, Vivekananda su maestro fue Ramakrishna, Albertus Magnus (obispo de Ratisbona) fué maestro de Santo Tomas de Aquino, Socrates enseñó a Platón....etc. Uno no se puede ver a sí mismo y lo que sabemos alguien nos lo enseñó o lo aprendimos en alguna escuela o libros escritos por alguien. Cuando se cuenta con un maestro o gurú se avanza mas rápido y se evitan desviaciones peligrosas.

Yo tomé clases de Astrología y tuve mis Maestros de Yoga.

En dirección al palacio TAJ MAHAL
en India con unos hermanos Indios.

Generalmente se llama "indostanos" o indios, a los habitantes de la India. Pero es común llamar y reconocer a los habitantes de la India como hindúes.

Con dos H∴ M∴ en Los Angeles, CA.

con MASONES EN HONG KONG

CON HERMANOS MASONES EN HONG KONG.

EL AUTOR CON MASONES DE BERLIN, ALEMANIA

CON MASONES EN BERLIN.

Con jóvenes Lugatones (futuros masones). De la Logia
Jaques de Molay en Bavaria, Alemania. (1982).

EL Ven. Maestro de la Logia (Fidelidad) y otro
Hno. Mason en Heer Sts., Tres Globos. Berlin.

Con el Hno. Mason Ven. M:. de la L:.
In Labore Virtus No. 36 Zurich, Suiza.

El V:.M:. de la Logia Phoenix #847 en Berlin, Alemania.

Con H:.M:. de la Logia Tres Globes en Heer Str.
Berlin, (mayo 1982) (H:. Bruno Peters).

Con Hs:. Ms:. En una Logia en Suiza.

Hs:.Ms:. de la Logia España, en Paris Francia, perteneciente
a la Gran Logia de Francia. (Feb. 1982)

Durante la celebración del centenario de la Orq. Sinfonica
de Berlin, estuvimos con el gran violinista, mason y yogui,
Yehudi Menuhin.(Mayo 1982).

Noche inolvidable en la celebración del 100avo.
Aniversario de la Orq. Sinf. de Berlin.
Aquí estamos degustando la cena con mi amigo musico Rostropovich.

En una cima de una montaña de los Alpes, en Chimonix, Francia,
cerca del tunel Mont Blanc que conecta Francia con Italia.. (marzo
1982).

En abril del 2010 asistí a un magno evento espiritual en la India, llamado Kumba Mela. Visite Rishikesh. Haridwar, Benares (Varanasi), Bodhgaya, Agra, Nueva Dheli. Experiencia extraordinaria, aproximadamente 14 millones de peregrinos de toda la India acudieron a esta gran celebración espiritual que sucede cada 12 años. Debo decir que el carácter espiritual se ha ido perdiendo poco a poco como todo en la vida. Mas no deja de ser un suceso impresionante sobre todo si vá uno preparado y con una mentalidad bien abierta y positiva. Los indios son en general muy pacíficos y se adaptan a vivir con un mínimo de necesidades. Es un gran país donde se practica la tolerancia en general. Los grupos fanáticos son una verdadera minoría considerando que el país cuenta con cerca de 1200 millones de habitantes a la fecha (2010). También es un país muy antiguo que ha sabido sobrevivir por miles de años. Ha sido y sigue siendo un productor de maestros espirituales y sabios que han difundido y difunden en todo el mundo la sabiduría milenaria de los grandes Rishis y Sabios lo cual es esencial para que un país sobreviva y progrese. Es muy rico en arte, filosofía, historia, religión y espiritualidad. Actualmente es uno de los países con mas descubrimientos científicos, cuenta con su propio plan espacial, la energía atómica......luchando por salir de la pobreza material en la que ha caído.

Parece ser que la India empezó su decadencia cuando el sistema de castas se aplicó según la herencia familiar y no según el karma individual o sea, según el carácter y las virtudes de cada individuo, sin importar en que nivel socio-economico nació.

En occidente, parte de la corrupción se debe a una escala de valores tergiversada. Se le dá mas importancia al dinero, el poder socio-politico, en lugar de poner en primer plano a la vida espiritual, también a la falta de ideales elevados, altruistas, donde la justicia, la búsqueda de la sabiduría y una vida de servicio en bien de los demás, o sea de la humanidad deberían estar por encima de los intereses egoístas.

Contamos con mas escuelas, universidades, instituciones educativas de diferente nivel, los gobiernos gastan mucho dinero en programas de salud, de seguridad publica, urbanización.... etc Deberiamos tener un mundo mas pacifico, mas feliz pero no es asi. Hay mas violencia en el mundo. Mas inseguridad, la confianza se esta perdiendo. ¿Qué sucede? ¿Qué están haciendo todos esos universitarios y gente con una preparación academica? ¿Por qué hay suicidios en familias con un nivel universitario? ¿Porque tantos profesionistas, hombres de negocios y políticos que son mega-ladrones?

Seguramente que nuestra educación le falta algo muy importante: La enseñanza y practica de valores morales universales y una serie de técnicas para controlar y educar efectivamente a la mente humana que fácilmente se deja influir por la negatividad, las bajas pasiones, las emociones negativas como la ira. **Yo propongo, como otros, la incorporación en las instituciones educativas, el Sistema Yoga con sus multiples opciones para los diferentes temperamentos de las personas.**

Estoy seguro que podemos regenerar a la humanidad, renovarla, si incluimos EL YOGA en las escuelas. Por ejemplo, se podrían hacer pruebas piloto empezando en una escuela primaria, implementar media hora de gimnasia psicofísica con relajación y 15 min. de meditación diariamente, media hora de valores éticos con ejemplos sencillos, impartido por personas calificadas, antes de empezar las clases regulares. Se podría monitorear, evaluar varias áreas como: atención en el salón de clases, aprovechamiento de las enseñanzas (las calificaciones), conducta en general, salud (faltas por enfermedad), conducta con los padres, ... etc. Y cualquier otro parámetro que se considere importante. Evaluar los resultados cada tres meses y una evaluación final al terminar el ciclo escolar.

Los mismos profesores de las escuelas podrían inspeccionar el programa y su desempeño y además quizás un inspector de la Sria. de Educación del gobierno estatal y otro del federal según el caso., para darle la seriedad y profesionalismo debido.

A su debido tiempo, se ampliaría esta enseñanza a las escuelas secundarias, preparatorias, Universidades y Escuelas Superiores. En base a los resultados, se podría expander el programa gradualmente a otras escuelas de esa población, después a todo el municipio, a el estado, a el país, y al mundo.

Convivencia con Hnos. Masones en una Logia del Berlin Oriental.

El sistema nervioso evoluciona con la práctica sistemática, diaria del Yoga, especialmente en la concentración y la meditación con la guía de un Maestro calificado, realizado. Se perfeccionan las funciones de las neuronas y de las dendritas, se activan neuronas dormidas y se crean nuevas dendritas, aumenta la capacidad de asociar ideas y la inteligencia; se produce una expansión de la conciencia, aumenta la eficiencia y calidad en el trabajo, aumenta el discernimiento, la comprensión y la compasión así como la tolerancia. Se desarrolla mayor capacidad para captar mensajes e ideas más sutiles, más elevadas, inclusive sublimes. Se despierta el sentido sagrado, ético y estético de la vida.

Recordemos que apenas el 10 % del cerebro es usado.

¿Qué pasaría si tan solo aumentaramos en un 5% o 10% o mucho más la capacidad del cerebro humano.?

Son ilimitadas las posibilidades de crecimiento y sus consecuencias como por ejemplo, lograr ser permanentemente felices y equilibrados, serenos y creativos hasta llegar a la Supraconciencia, la Liberación, la Conciencia Cósmica Universal o reintegrarnos al Origen, al SER SUPREMO.

Así pues, la meditación científica, una dieta sana y un cuerpo sano es el camino a la inmortalidad, la ausencia de enfermedades, salud plena y vigorosa, la felicidad inmutable del alma liberada de la mente dualista, racional que solo funciona en el campo relativo, en la esfera de las formas, los nombres, el tiempo y el espacio donde todo es cambiante, en permanente transformación (cambio de forma). Es preciso conocer y dominar, educar y trascender la mente dual para pasar al campo absoluto, a la Consciencia Pura, mediante una maestría de las energías y de los pensamientos

La energía mental (que también contiene inteligencia e información) se condensa en diferentes energías, rayos, partículas infra-atómicas. Estas se asocian para formar electrones, protones, neutrones....etc de donde nacen los átomos, los átomos se asocian para formar moléculas, las moléculas se asocian para formar células, las células en tejidos, los tejidos en órganos, los órganos en sistemas (nerviosos, circulatorio, digestivo....etc..) y los sistemas constituyen organismos: plantas, animales y humanos.

Todas las energías se originan en la energía mental, incluyendo la energía eléctrica, gravitacional, atómica, química, magnética, etc. Por eso se dice que cada uno de nosotros formamos nuestro cuerpo con los pensamientos conscientes o inconscientes acumulados durante eones de tiempo. En todo caso, no podemos negar que la mente influye poderosamente en el cuerpo físico.

Un ejercicio muy conocido, sencillo y muy eficaz para empezar a calmar y elevar la mente consiste en practicar la atención concentrada en la respiración. Sentado cómodamente o acostado si esta cansado, simplemente observe la inalación y la exalación, sin forzarla, durante dos o tres minutos al principio una o dos veces diariamente. Después de una semana, aumente el tiempo a 5 o 6 minutos. La tercera semana practique de 10 a 15 minutos. Se sorprenderá de los resultados.

Puede practicar este ejercicio, en muchas formas: caminando y sintiendo cada paso que dá. La clave es poner toda su atención en lo que está haciendo.

En momentos de espera, cuando este tenso o preocupado.....

Otro ejercicio respiratorio es: Sentado cómodamente, la columna vertebral derecha, el cuerpo relajado. Con el dedo pulgar tape la fosa izquierda, inhale por la fosa derecha. Retenga unos segundos, tape la fosa derecha con el dedo índice o anular y exhale por la fosa izquierda. Ahora inhale por la fosa izquierda, luego tápela con el pulgar y exhale por la foza derecha. Luego inhale por la fosa derecha, luego tápela y destape la fosa izquierda al tiempo que exhala por esa fosa. Repita el ejercicio siete veces. Puede hacerlo en la mañana y en la noche (dos veces al dia), durante dos o tres semanas- Despues puede aumentar a 14 veces y después de un mes de practica puede probar cinco minutos de preferencia en la mañana y 5 min. en la noche o a la hora que pueda.

Conforme progrese en sus prácticas, se le darán técnicas mas avanzadas y personales.

CON HERMANOS MONJES BUDISTAS, EN UN
MONASTERIO EN LA PARTE ESTE DEL TIBET DESPUES
DE UNA MEDITACION. (AGO. 2011)

MEDITANDO CON MONJES TIBETANOS en TIBET (AGO 2011)

EN UN ABRAZO FRATERNAL CON EL DIRECTOR
DE UN CONVENTO BUDISTA. 2011

FAMILIA TIBETANA CON QUIENES CONVIVIMOS
DURANTE UNA SEMANA.

MEDITANDO EN UN MONASTERIO DEL TIBET (2010)

MOMENTOS ANTES DE ENTRAR AL GRAN PALACIO POTALA,
ANTIGUA SEDE DE LOS DALAI LAMAS. AGOSTO 2011

CONVIVIENDO CON UNA FAMILIA TIBETANA. 2011

CON UN CHAMAN EN EL ESTE DEL TIBET GO.2011)

EN MI PAPEL DE HOMBRE DE NEGOCIOS.

A LA IZQUIERDA, EL DR. LUIGI GRATON, A
LA DERECHA, MI ESPOSA MARGARET Y AL
EXTREMO DERECHO, EL DR. DEVID HEBER.

EN MI PAPEL DE HOMBRE DE NEGOCIOS. AQUÍ
CON EL DR. HEBER, DR. STEVE, Y SR. KABULICH.

AQUÍ CON UN GRUPO DE EJECUTIVOS DE ALTO
NIVEL DE COREA DEL SUR Y MEXICO.

CON EMPRESARIOS DE RUSIA Y BRASIL

CEO MICHAEL O. JOHNSON Y EL AUTOR

CON UN GRUPO DE JOVENES EMPRESARIOS DE FRANCIA.

Con mis Patrocinadores (Nuevos Miembros del Club de Fundadores) en la Cena de Gala en Orlando. Marzo 2010. President Summit

CON UN GRUPO DE EMPRESARIOS MEXICANOS

Aquí estoy con un grupo de niños de muy escasos recursos materiales, algunos de ellos con cierto grado de sordera y problemas del habla a los cuales les ayudo en su alimentación y apoyando a la escuela con recursos financieros, en San Miguel De Allende, Gto.

Aprovecho para insertar una nota respecto a la gran necesidad de desarrollar y practicar mas el amor altruista y el amor compasivo. La educación moderna se concentra mucho en el desarrollo económico, social e intelectual, nos ofrece una cantidad enorme de información científica, técnica e intelectual pero hay muy poco de desarrollo y formación del carácter (las virtudes del alma) del alumno, una falta de información y técnicas eficaces para controlar, disciplinar, educar, purificar, elevar las mente o sea los pensamientos y los sentimientos y para trascenderla. Ir mas allá de todo pensamiento, de toda acción, de toda forma, de todo nombre, del espacio y del tiempo, mas allá del Silencio.

Impera la envidia, el egoísmo, la mentira, la codicia, la violencia, el odio. Creamos gigantes del intelecto pero enanos del espíritu.

Con ideas nobles, elevadas, sentimientos puros de bondad y justicia y una autodisciplina interna, la que usted quiera, la que le funcione, la que le dé resultados, el éxito es seguro.

Es necesario recuperar el sentido sagrado, estético y ético de la vida, aprender a vivir en armonía con la naturaleza y con los demás.

Todos somos uno, todo afecta a todo, el mas minimo pensamiento afecta a toda la creación.

Todo se soluciona al elevar gradualmente el nivel de conciencia del individuo, de todos los individuos. Así, primero yo (Ud., cada uno) me encuentro a mí mismo, me disciplino, me supero, elevo el nivel de conciencia, mejoro mis pensamientos y acciones y luego trabajo para el bien de la sociedad, de la humanidad, empezando por el medio inmediato que me rodea y poco a poco, a medida que crezce mi conciencia, crece mi acción en el mundo.

Debemos ser el modelo de lo que queremos que los demás sean.

El universo no tiene solución; el mundo no tiene solución porque no es un problema. El universo ES UN PROCESO, un devenir constante. Es la Vibración-Origen transformándose en infinitas frecuencias vibratorias y longitudes de onda, formas visibles e invisibles en constante cambio, incluyendo el pensamiento..

Involucrarnos e identificarnos con las formas (el universo), "maya" según los Vedas, es un error porque no son EL SER, lo INMUTABLE, LO ETERNO, EL ETERNO AHORA. Es una fuente de infinitos sufrimientos, desilusión y amargura, al menos que aprendamos a desapegarnos, Sí, EL DESAPEGO Y LA RENUNCIA AL FRUTO DE LAS ACCIONES (Baghavad Gita).

Es mejor estudiar, observar, comprender, para luego trascender todo.

Observar desde arriba (nivel de conciencia elevado), el universo cambiante, jugando un papel, una función sin perder la Paz y el Gozo.

Es nuestro deber descubrir, CONOCER los principios, las leyes que rigen la vida y el universo, luego APLICARLAS en nuestra vida personal y luego ENSEÑARLAS, DIFUNDIR, COMPARTIR con los demás que quieren saber, que son receptivos y que merecen el Conocimiento.

Parece una paradoja: Ser activo pero no activo
Ayudo a los demás pero no ayudo
Soy autosuficiente pero soy insuficiente
Me esfuerzo sin esfuerzo
Al realizar al Ser Supremo puedo decir: Sin EL yo soy nada, en EL lo soy todo y lo poseo todo.

Los chinos le llaman El Tao, El Sendero Iniciatico, la Conciencia Universal de Dios.

Para regresar al presente ahora, solo basta traer la mente a LA RESPIRACION por unos 5 a 20 segundos, es una forma de cultivar la ATENCION CONCIENTE, indispensable para el éxito en la vida y para el desarrollo espiritual.

El éxito en nuestras practicas espirituales y en la practica del Yoga depende de la INTENSIDAD, LA CONSTANCIA, LA SINCERIDAD, LA FRECUENCIA Y LA GUIA DE UN MAESTRO. Según sea el karma de cada individuo, será la rapidez con que logre la Liberación, la gran Experiencia, el Samadhi. Felizmente no importa donde se encuentra Ud., si persevera, ira progresando y sintiendo los beneficios de sus esfuerzos, lo cual se reflejara en su vida intima, la familia, las relaciones, en su trabajo y una sensación de bienestar, PAZ y contento crecerán en su interior.

Actualmente soy un filosofo, instructor de Mantra Yoga Meditación de la Sociedad Internacional de Realización Divina (SIRD) y hombre de negocios. Distribuyo productos naturales para mis necesidades materiales y presido un Centro de Meditación en San Miguel de Allende, Gto. Mexico.

OBSERVACIONES:
Las imaginaciones, las emociones y los pensamientos parecen tan reales, parecen ser la realidad de la vida pero no lo son, Son emanaciones de algo mas profundo, su origen y escencia misma que es la Consciencia.

Es así que las personas viven en una falsa realidad, siempre cambiante y además peligrosa porque creemos que sabemos basados en ilusiones. Esto hace que actuemos sin una comprensión valida, sin un discernimiento profundo, sin la experiencia que es el contacto con el alma, con el Ser, con aquello que somos y que le dá vida al cuerpo y a los pensamientos y a las emociones.

Por ejemplo, a nivel físico, podemos ver en la TV, o en libros o a través de pláticas de otros como es Cancún o los Himalayas y "creer" que sabemos o conocemos esos lugares. Hasta hay algunos que hablan de ello con mucha facilidad sin conocer y sin saber.

No, así no es. Uno debe ir, si quiere, a esos lugares y "experimentar", vivenciarlos y aun así tendremos una experiencia muy relativa de esos lugares, para poder decir algo al respecto.

Hay que ir al banquete y disfrutarlo personalmente, directamente, ya que nadie puede disfrutar por otro.

Entonces pensamos y actuamos basados en la percepción superficial de la vida cometiendo muchos errores y causando sufrimiento para uno y para los demás, porque creemos saber y tener la razón; por lo tanto el ego quiere imponerse sobre los demás.

Es por eso que las disciplinas en las tres áreas son indispensables: física, mental y espiritual guiados por los Maestros calificados, Autorrealizados.

Los conflictos mundiales surgen por las "creencias" que cada quien tiene. No se trata de creer, sino de Saber Experienciado.

Cuando uno comprende lo pasajero, efímero y relativo de todas las cosas, nos volvemos mas tolerantes, mas comprensivos, mas flexibles y podemos reconocer otros puntos de vista, otras experiencias. Así podemos vivir en armonía, con un sentimiento de unidad.

Insisto en que este pequeño libro no es un tratado de Yoga, simplemente es un testimonio de un hombre común y su búsqueda del significado de la vida y la búsqueda de la felicidad duradera. He trabajado para lograr un equilibrio entre la vida material y la vida espiritual (que en realidad son la misma cosa) y en mi humilde escala, lo he logrado.

Soy atento, soy alerta, soy sereno, soy feliz, hasta que logre la Liberación final.

Es una invitación para los buscadores de la Verdad o los que se interesan en el Yoga para que investiguen más, se documenten más y se inicien en la práctica de esta Ciencia Filosófica milenaria que puede solucionar los problemas físicos, emocionales y espirituales de cualquier persona.

CONCLUSION

EL PROCESO DE MI VIDA, DE MIS BUSQUEDAS, DE MIS EXPERIENCIAS ME HAN LLEVADO A UN EQUILIBRIO ENTRE LA MATERIA Y EL ESPIRITU.

LA OBSERVACION DE QUE EL CUERPO FISICO TIENE DOS HEMISFERIOS CEREBRALES, DOS PULMONES, DOS VENTRICULOS, DOS AURICULAS, DOS OJOS, DOS PIERNAS, DOS BRAZOS,....ETC. LA SABIA NATURALEZA NOS MUESTRA QUE SE REQUIERE UN EQUILIBRIO EN TODO.

EDUCADO EN LAS ESCUELAS OCCIDENTALES, CON UNA FORMACION TECNICO-CIENTIFICA, (INGENIERO QUIMICO) SENTÍ LA NECESIDAD DE UNA BUSQUEDA MAS PROFUNDA PARA ENCONTRAR EL ÉXITO Y LA FELICIDAD QUE NO HABÍA LOGRADO. ESA BUSQUEDA SE ORIENTO HACIA LAS ENSEÑANZAS DE LOS ANTIGUOS SABIOS DEL MEDIO Y LEJANO ORIENTE, PRINCIPALMENTE LA INDIA Y EL TIBET.

LAS DISCIPLINAS A LAS QUE ME HE SOMETIDO ME HAN AYUDADO A EQUILIBRAR Y DESARROLLAR EN CIERTA MEDIDA, LA RAZON Y LA INTUICION.

LAS DISCIPLINAS COMO LA SANA ALIMENTACION, EL EJERCICIO MODERADO DIARIO O TRES VECES A LA SEMANA Y LA MEDITACION DIARIA ME HAN AYUDADO GRANDEMENTE A TRIUNFAR EN LA SOCIEDAD, EN LOS NEGOCIOS, EN EL TRABAJO, EN LAS RELACIONES.

EL ENCUENTRO CON ALGUNOS SABIOS, CIENTIFICOS, ARTISTAS, YOGHIS Y SOBRE TODO EL HABER ENCONTRADO

115

MI GURU, MI MAESTRO DE REALIZACION DIVINA, SWAMI GURU DEVANAND SARASWATI JI MAHARAJ, HAN SIDO UNA INFLUENCIA POSITIVA FORMIDABLE EN LA TRANSFORMACION DE MI VIDA. UNO PUEDE CREAR SU PROPIA REALIDAD Y TRIUNFAR PLENAMENTE EN LA VIDA. RIQUEZA MATERIAL Y RIQUEZA ESPIRITUAL. EN LA MEDIDA QUE VAMOS ELEVANDO NUESTRO NIVEL DE CONSCIENCIA, LAS NECESIDADES MATERIALES SE RESUELVEN DE UNA MANERA MAS FACIL Y NATURAL. CON LA POSIBILIDAD REAL DE LLEGAR ALGUN DIA A NO NECESITAR NI BUSCAR NADA. TODO ESTA CUMPLIDO, NO HAY MAS DESEOS, SE VIVE EN UN ESTADO DE DICHA SUPREMA MAS HAYA DEL INTELECTO, EN EL ESTADO DE LA CONCIENCIA UNIVERSAL. ESTA ES LA META SUPREMA DE LA VIDA A LA QUE CONSCIENTE O INCONSCIENTEMENTE ASPIRAMOS TODOS.

COMO YA LO MECIONE ANTES, VINIENDO DE UN MEDIO AMBIENTE Y UNA FAMILIA COMUN, EL LOGRADO UN RELATIVO ÉXITO MATERIAL Y ESPIRITUAL QUE ME HACE MUY FELIZ. COMPRENDO QUE HAY MUCHO CAMINO QUE RECORRER, EL SENDERO DE LA PERFECCION NO TIENE LIMITES. ES POR ESO QUE AHORA QUE TENGO RESUELTO EL ASPECTO ECONOMICO-MATERIAL DE LA VIDA, PUEDO DEDICARME MAS TIEMPO A LA MEDITACION Y EL SERVICIO HUMANITARIO ATRAVES DE UN CENTRO DE MEDITACION, CONFERENCIAS Y ALGO DE AYUDA ECONOMICA Y MATERIAL A ALGUNAS PERSONAS.

SI YO HE PODIDO EN MI HUMILDE ESCALA, CUALQUIERA PUEDE SI QUIERE. INVITO A MIS LECTORES Y AMIGOS A QUE SE ATREVAN A PRACTICAR LA YOGA Y LA MEDITACION CON UN MANTRA PERSONAL QUE SE LO DARÁ UN INSTRUCTOR CALIFICADO.

EMPIESE YA, NO PIERDA EL TIEMPO CON METODOS LENTOS Y DUDOSOS O SENSACIONALISTAS. ACERQUECE A UN CENTRO DE DESARROLLO ESPIRITUAL, VISITE VARIOS Y ESCOJA EN EL QUE VEA QUE EL INSTRUCTOR(A) REFLEJA

PAZ VERDADERA Y CARÁCTER ARMONIOSO. EMPIESE CON 15 MINUTOS DIARIOS, LUEGO LE VA AUMENTANDO POCO A POCO A 20, 30, 60 MINUTOS DOS VECES AL DIA, EN LA MAÑANA ANTES DE SALIR EL SOL Y EN LA TARDE AL OCULTARSE EL SOL.

LOS BENEFICIOS QUE SENTIRA SE NOTARAN EN CORTO TIEMPO Y ESO LO ANIMARA MAS A SEGUIR PRACTICANDO. RECUERDE, LA CLAVE ES LA PRACTICA REGULAR Y CONSTANTE.

SI SOLO PUEDE VER HASTA 10 METROS, AVANCE 10 METROS Y ENTONCES VERÁ OTROS DIEZ METROS ADELANTE.

NO SE CONFORME CON MIGAJAS, USTED PUEDE LOGRAR LA SUPREMA META DE LA VIDA, LA REALIZACION DEL SER SUPREMO, la Iluminación, La Sabiduría, el ÉXITO TOTAL.

BIBLIOGRAFIA

Popol Vuh
Bhagavad gita
Junto al Maestro   Swami Guru Devanand
Aforismos de Patanjali
Raja Yoga   Swami Vivekananda
Jnana Yoga   Swami Vivekananda
Hatha Yoga   Swami Ramacharaka
Yug Yoga Yohismo   Dr. Serge Raynaud de la Ferriere
La Biblia
El Corán
El Zend Avesta
El Libro Tibetano de los muertos (Bardo Todol)
Nacimos para triunfar   Swami Guru Devanand
Yoga Tibetano y Doctrinas Secretas   Basile Valentine
El Arqueometro   Saint Ives de Alveydre
Torah
Zohar
Talmud
Shankaracharia
Mahabarata
Vishnu Purana
Muktananda
Paramahansa Yogananda

Sri Sri Shankar
Swami Bramananda
Del Alma   Aristoteles

Practical Yoga   Paul Poschinger
Vedas
El Kibalion
Ramakrishna
Tao Te King   Lao Tze
Ley de la Creación   Wronski
Vedanta   Vyasa
Puranas
Upanishads